云 南 省 地 方 标 准

山区高速公路建设技术指南
第1部分:滇东北

DB 53/T 827.1—2017

人民交通出版社股份有限公司
China Communications Press Co.,Ltd.

图书在版编目(CIP)数据

山区高速公路建设技术指南. 第 1 部分, 滇东北 / 昭通市交通运输局等编. — 北京：人民交通出版社股份有限公司, 2017.11
　　ISBN 978-7-114-14311-3

Ⅰ. ①山… Ⅱ. ①昭… Ⅲ. ①山区道路—高速公路—道路工程—云南—指南 Ⅳ. ①U412.36-62

中国版本图书馆 CIP 数据核字(2017)第 271273 号

云南省地方标准
书　　名：山区高速公路建设技术指南　第 1 部分：滇东北
著　作　者：昭通市交通运输局　中交第一公路勘察设计研究院有限公司　云南省交通规划设计研究院　等
责任编辑：郭红蕊　李　娜
出版发行：人民交通出版社股份有限公司
地　　址：(100011)北京市朝阳区安定门外外馆斜街 3 号
网　　址：http://www.ccpress.com.cn
销售电话：(010)59757973
总 经 销：人民交通出版社股份有限公司发行部
经　　销：各地新华书店
印　　刷：北京鑫正大印刷有限公司
开　　本：880×1230　1/16
印　　张：2.5
字　　数：64 千
版　　次：2017 年 11 月　第 1 版
印　　次：2017 年 11 月　第 1 次印刷
书　　号：ISBN 978-7-114-14311-3
定　　价：30.00 元

(有印刷、装订质量问题的图书由本公司负责调换)

目 次

前言 .... Ⅲ
引言 .... Ⅴ
1 范围 1
2 规范性引用文件 1
3 建设总体原则 1
4 公路功能与技术标准 1
   4.1 公路功能 1
   4.2 技术标准 2
   4.3 项目申报审查 2
5 地质勘察与水文勘测 2
   5.1 一般规定 2
   5.2 地质勘察 3
   5.3 水文勘测 4
6 总体设计 4
   6.1 一般规定 4
   6.2 总体设计要点 5
7 路线 5
   7.1 平面和纵断面 5
   7.2 横断面 7
   7.3 避险车道 8
8 路线交叉 8
   8.1 立体交叉 8
   8.2 互通式立体交叉 8
   8.3 通道 9
9 路基与路面 9
   9.1 路基 9
   9.2 路面 11
10 桥涵 11
   10.1 桥梁总体设计 11

10.2 桥梁横断面及净空要求 ………………………………………………………………………… 12
10.3 桥位选择 ………………………………………………………………………………………… 13
10.4 桥孔布置 ………………………………………………………………………………………… 14
10.5 桥梁跨径及结构形式选择 ……………………………………………………………………… 14
10.6 结构设计 ………………………………………………………………………………………… 17
10.7 涵洞设计 ………………………………………………………………………………………… 17
10.8 分离式立交 ……………………………………………………………………………………… 18
10.9 桥梁附属设施 …………………………………………………………………………………… 19
11 隧道 …………………………………………………………………………………………………… 19
　　11.1 隧道设计 ………………………………………………………………………………………… 19
　　11.2 隧道机电与救援 ………………………………………………………………………………… 25
　　11.3 隧道施工 ………………………………………………………………………………………… 27
12 交通工程与沿线设施 ………………………………………………………………………………… 27
　　12.1 交通安全设施 …………………………………………………………………………………… 27
　　12.2 管理设施 ………………………………………………………………………………………… 28
　　12.3 沿线设施 ………………………………………………………………………………………… 29
13 环境保护与景观绿化 ………………………………………………………………………………… 29
　　13.1 一般规定 ………………………………………………………………………………………… 29
　　13.2 声环境保护 ……………………………………………………………………………………… 30
　　13.3 水环境保护 ……………………………………………………………………………………… 30
　　13.4 水土保持 ………………………………………………………………………………………… 30
　　13.5 景观绿化 ………………………………………………………………………………………… 30
　　13.6 生态环境 ………………………………………………………………………………………… 31
　　13.7 社会环境 ………………………………………………………………………………………… 31

前 言

本标准按照 GB/T 1.1—2009《标准化工作导则 第1部分：标准的结构和编写》给出的规则起草。

本标准由昭通市交通运输局提出。

本标准由云南省交通运输标准化技术委员会(YNTC13)归口。

本标准主要起草单位：昭通市交通运输局、中交第一公路勘察设计研究院有限公司、云南省交通规划设计研究院、中交公路规划设计院有限公司、安徽省交通规划设计研究总院股份有限公司、山东省交通规划设计研究院、长安大学、云南省公路科学技术研究院。

本标准主要起草人：刘和开、汪双杰、刘永才、王佐、郭腾峰、张留俊、韩常领、台电仓、王似舜、余波、齐永利、刘建蓓、张娟、单永体、靳媛媛、李志厚、房锐、杨光友、黎晓、陈贺、孟凡超、袁洪、王吉双、张胜、沈洪波、李怀峰、张军方、苑辉、包兴臣、彭余华、粟海涛、朱双龙。

引 言

针对云南省滇东北地区地形、地貌、气候与地质等自然条件复杂、区域环境脆弱、环境保护要求高等综合建设条件，为促进滇东北地区高速公路建设与发展，有效解决该地区高速公路发展建设中遇到的功能论证、技术标准选用、横断面形式选择等重点问题，在云南省交通运输厅的指导下，昭通市人民政府、昭通市交通运输局组织相关单位和部门，研究编制了《山区高速公路建设技术指南 第1部分：滇东北》（以下简称"技术指南"）。

本技术指南是在调研云南省既往高速公路建设与运营管理经验、全面梳理相关研究成果的基础上，结合滇东北地区高速公路建设的实际条件，以我国现行公路行业技术标准和规范为框架基础，研究编制的。本技术指南条文内容是对我国现行公路行业技术标准、规范的细化和补充，是对云南省滇东北山区高速公路建设与发展的纲领性技术指导。采用本技术指南的高速公路建设项目，应同时符合国家相关法律、法规和公路行业技术标准、规范。本技术指南中未涉及的相关指标和参数，均应遵照现行公路行业相关技术标准、规范执行。

本技术指南共13章，主要包括公路功能与技术标准、地质勘察与水文勘测、总体设计、路线、路线交叉、路基与路面、桥涵、隧道、交通工程与沿线设施、环境保护与景观绿化等内容。有关单位在使用本技术指南过程中，如发现问题或提出建议，请及时函告昭通市交通运输局（地址：云南省昭通市昭阳区昭阳大道194号，邮编：657000），以便修订时参考。

山区高速公路建设技术指南 第1部分:滇东北

1 范围

本技术指南规定了高速公路建设项目预可行性研究、工程可行性研究、初步设计和施工图设计阶段的公路功能与技术标准、地质勘察与水文勘测、总体设计、路线、路线交叉、路基与路面、桥涵、隧道、交通工程与沿线设施、环境保护与景观绿化等技术要求。

本技术指南适用于云南省滇东北地区的高速公路建设项目,包括列入国家高速公路网建设规划和云南省地方高速公路网建设规划的项目。

2 规范性引用文件

下列文件对于本文件的应用是必不可少的。凡是注日期的引用文件,仅注日期的版本适用于本文件。凡是不注日期的引用文件,其最新版本(包括所有的修改单)适用于本文件。

JTG B01	公路工程技术标准
JTG B02	公路工程抗震规范
JTG/T B02-01	公路桥梁抗震设计细则
JTG/T B07-01	公路工程混凝土结构防腐蚀技术规范
JTG D20	公路路线设计规范
JTG D30	公路路基设计规范
JTG D60	公路桥涵设计通用规范
JTG D80	高速公路交通工程及沿线设施设计通用规范

3 建设总体原则

3.1 滇东北地区高速公路建设与规划应综合考虑地方经济状况、路网密度、交通基础设施建设现状等因素,以及过境交通量大、地方交通出行需求迫切等特点,并与国家和云南省高速公路网规划相结合,充分发挥公路建设项目对地方社会经济发展的带动作用。

3.2 滇东北地区高速公路建设应坚持"规划指导、功能优先、省地结合、适度超前、因地制宜、安全适用、绿色环保"的总体原则,依据公路功能论证确定项目技术等级;结合地形条件变化分段确定设计速度;综合考虑交通量、车型组成、地形地貌等因素,选择适用的路基横断面形式及车道数;应用运行速度原理和方法,因地制宜选用平纵面主要技术指标。

3.3 采用本技术指南的高速公路建设项目,应同时符合国家相关法律、法规和公路行业技术标准规范。本技术指南中未涉及的相关指标和参数,均应遵照现行公路行业相关技术标准、规范执行。

4 公路功能与技术标准

4.1 公路功能

4.1.1 应从促进地区综合交通运输体系协调发展的角度,科学论证确定拟建公路项目的功能和定位。

4.1.2 应根据公路项目走廊带沿线主要城镇交通枢纽等主要交通节点分布，视需要分路段论证拟建项目的公路功能，尤其应注意兼顾长途过境交通和短途区域交通的不同功能需求。

4.2 技术标准

4.2.1 应根据路网规划和拟建项目已确定的公路功能，论证确定拟采用的技术等级。

4.2.2 应主要结合沿线地形、地物、地质、气候等自然条件，因地制宜，合理分段确定设计速度，使不同路段的主要几何指标与沿线地形、地质等条件变化相适应，同时应避免设计速度频繁变化。

   a) 在项目工程可行性研究阶段，应初步结合地形、地质等条件，对项目全线和路段运行速度进行规划，大致提出项目设计速度分段和各段推荐采用值。
   b) 初步设计阶段应在工程可行性研究报告的基础上，基于运行速度设计理论和方法，与地形等条件结合，细化项目运行速度分段与规划，明确各分路段的设计速度采用值及过渡变化。
   c) 设计速度选用应与地形变化相适应。在地形相对平缓路段，宜选用较高的设计速度；在地形起伏大、地质条件差的路段，宜选用较低的设计速度。
   d) 位于平原微丘区的路段，设计速度宜主要选用120km/h和100km/h；位于山岭重丘区的路段，设计速度宜主要选用80km/h，但其中有条件路段也可选用80km/h以上。
   e) 采用同一设计速度的路段长度，一般不宜小于15km，特殊条件下不宜小于10km。
   f) 对高速公路改扩建项目，当特殊困难的局部路段，因新建工程可能诱发严重工程地质病害时，经充分论证，设计速度可采用60km/h，与之对应的平纵主要几何指标可相应降低；但采用60km/h设计速度的路段长度不应大于10km，或仅限于两座相邻的互通式立体交叉之间的路段。
   g) 当相邻两个路段的设计速度差大于20km/h时，应在两个路段之间设置必要的设计速度过渡段，设计速度过渡段的长度应满足限速等标志预警与提示所需要的长度要求。

4.2.3 高速公路各路段的车道数应根据设计交通量、设计通行能力确定。

   a) 对于纳入云南省地方高速公路规划的建设项目，原则上主要采用四车道。
   b) 在区间性交通量较大路段，采用六车道及以上车道数时，应结合交通组成、通行能力与服务水平分析，进行充分论证。

4.3 项目申报审查

4.3.1 项目工程可行性研究报告、初步设计、施工图设计文件及说明等，应明确项目拟采用的技术等级、起终点、主要控制点、设计交通量及主要路段的基本车道数等内容。

4.3.2 应根据项目设计速度分段采用情况，明确项目主要路段的设计速度和局部路段的设计速度；当设计速度分段较多时，可采用总体区间的方式明确给出设计速度采用情况，如：设计速度采用80km/h～120km/h。

5 地质勘察与水文勘测

5.1 一般规定

5.1.1 针对滇东北区域地质环境复杂、地形起伏大、岩性种类多、断裂发育、岩体破碎、地震烈度高、特殊性岩土分布广、不良地质发育等特点，应重视和充分发挥地质勘察和水文勘测成果等在项目线位选择、工程结构选址和选型中的指导性作用，各阶段应做到如下要求：

   a) 在预可行性研究阶段，应充分收集和研究项目区既有的地质、地震、水文、气象、地质灾害防治与评估资料,结合必要的遥感工程地质解译和现场踏勘调查,充分认识和了解拟建项目的工程地质及水文地质条件、明确项目建设存在的难点和主要工程地质问题,并对影响公路建设的各种地质问题进行评估,选定工程(或走廊带)方案。

b) 在工程可行性研究阶段,应结合遥感工程地质解译进行1:10 000路线工程地质调绘,初步查明各路线走廊的地形地貌、地层岩性、地质构造、水文地质条件及各类特殊性岩土和不良地质的分布范围、规模及对工程方案的影响,合理选定工程(或走廊)方案。对控制工程方案的大型不良地质及特殊性岩土分布路段,应进行必要的勘探测试,以满足特殊路段工程方案研究的需要;地质条件复杂的长及特长隧道,应结合工程方案研究,进行必要的勘探测试,初步查明隧址水文地质及工程地质条件,合理选定隧道位置,控制工程造价及规模。

c) 在初步设计阶段,应沿拟定的路线及其两侧的带状范围进行1:2 000工程地质调绘,并分路段采集代表性土样,测试其工程地质性质,基本查明各类特殊性岩土在路线上的分布情况,并结合必要的勘探手段,基本查明路线及各类工程结构建设场地的地质条件。在软质岩地区、受区域性断裂影响严重路段、古滑坡路段、大型桥隧设置路段等,应加强综合地质勘察,重点查明不良地质的发育情况,分析有无诱发和加剧不良地质的可能,为路线方案研究及各类工程结构的方案设计提供基础资料。

d) 在施工图设计阶段,应结合路线方案深化研究,对路线及各类工程结构建设场地的工程地质调绘资料加强复核和补充调绘,查明路线工程地质条件,为确定路线位置提供基础资料;应加强各类工程结构建设场地的工程地质勘探和测试工作,加强路堑边坡稳定性分析,加强复杂地质条件下桥、隧工点勘察,为结构工程设计提供满足设计需要的地质资料。

5.1.2 应结合项目沿线实际情况和公路功能,做好地质灾害的调查和监测工作,研究其分布和活动规律,对严重影响公路建设及营运期安全的地质灾害,应有针对性地进行超前研究,为公路防灾减灾提供基础资料。

5.1.3 在建设项目各阶段,应高度重视和加强地质勘察与水文勘测工作,保证合理工作周期;应加强对地质勘察与水文勘测等基础资料的审核把关,建立完善的质量保证体系和质量追溯制度,确保工作深度和质量,满足工程建设的需要。

5.2 地质勘察

5.2.1 应按公路基本建设程序,分阶段并按各阶段要求的深度开展地质工作,正确反映路线及各类构筑物场地的地质条件,为公路建设提供资料完整、评价正确的工程地质勘察报告。并重点做好滑坡、崩塌、泥石流、岩溶、采空区及瓦斯气体等不良地质和膨胀土、红黏土、软土等特殊性岩土的勘察工作。

5.2.2 结合滇东北地区综合地质条件,为满足工程建设需求,对以下特殊工点的地质勘察应掌握以下要点:

a) 路线通过深切峡谷地段,应重点调查崩塌、危岩发育情况,分析崩塌、危岩对工程建设及营运期安全的影响,合理确定线位,对崩塌、落石严重路段,宜优先考虑隧道及隧道群方案。

b) 膨胀性岩土和砂岩、泥岩等软质岩地区,对堆积层发育、风化壳厚度大以及顺层等不良地质地段,应加强路堑、陡坡路堤勘察,重点分析有无诱发和加剧滑坡等不良地质的可能性。

c) 应加强高边坡地质勘察,重点查明边坡地质结构及其稳定性,合理确定边坡高度及防护形式,避免"扒皮"现象,人为造成高边坡。

d) 应加强桥位工点的地质勘察工作,重点查明滑坡、崩塌、泥石流、岩溶、采空区、区域性断裂等不良地质的发育情况,以满足桥位比选及工程设计的需要。

e) 应加强长大隧道方案的工程地质比选,重点做好隧址区域工程地质及水文地质调绘,查明区域性断裂、岩溶强烈发育带、采空区及有害气体、含水层与隔水层接触带的发育情况等,为隧道轴线布置提供可靠依据;要加强隧道围岩勘察,综合调绘、钻探、孔内波速测试等资料,加强地质分析,合理划分隧道围岩等级;地质条件复杂的长大隧道,应做好施工阶段超前地质预报,配备地质人员对隧道围岩实际地质情况进行核定。

f) 沿溪线应加强岸坡的塌岸工程地质勘察,重点研究岸坡地质结构及河流、库区水位变化对塌岸的影响,研究其分布路段和范围,为路线方案研究及塌岸处置工程设计提供可靠依据。

g) 路线通过高地震烈度区,应对地震可能诱发的滑坡、崩塌、泥石流、堰塞湖以及因河道淤塞抬高河床掩埋道路等次生地质灾害加强调查研究,合理确定工程方案及防灾减灾措施。

5.3 水文勘测

5.3.1 降雨量及暴雨强度大、山势陡峻、沟谷交错且水流湍急的地区,沿线路基、桥梁和涵洞设计应充分考虑河流、沟谷的自然水文特征,通过水文调查和分析计算,掌握其在工程建成前后的自然演变规律,确保工程安全。

5.3.2 沿河路堤侵占、压缩河床较大或受河湾冲刷的路段,应加强此路段的水文调查,进行详细的水文分析和计算,依据对应设计洪水频率下的设计水位、流量、流速、冲刷等成果资料进行路基高度控制和路堤防护及导流设计。

5.3.3 沿河道、沟谷布设的纵向桥梁,应逐跨进行水文断面的分析和计算,需考虑水流冲击作用,并重视冲刷深度的计算,确保墩台及基础的安全。

5.3.4 岩溶地区受溶洞、溶沟、漏斗、竖井、坡立谷、溶蚀洼地、落水和暗河等影响,地表和地下水系网存在着改变暴雨径流的汇聚条件,应通过调查和调绘手段,依据地表及地下水流的汇聚特点,确定岩溶地区的洪水位并进行排水设计。

5.3.5 泥石流地区水文调查应详细缜密,需收集足够的水文、地质资料,应全面掌握泥石流的补给源分布及储备情况、泥石流形成规律和类型及其发展趋势,并详加调查分析。泥石流地区应进行水文计算,取得泥石流流速、流量、沟床淤积量以及冲刷等成果资料,为路线方案和桥涵设计提供依据。

5.3.6 涵洞宜按无压力式涵洞设计,并以水文调查和分析计算为依据,根据设计流量、流速、冲刷等分析计算成果,确定涵洞孔径和基础埋深。

6 总体设计

6.1 一般规定

6.1.1 滇东北地区山高谷深、地形起伏大、地质条件复杂、地震及恶劣气象等自然灾害影响大,应在充分研究高速公路快速过境和区域交通服务等多重功能的基础上,合理规划、利用交通建设走廊资源,重点加强高速公路的项目总体设计。在保障行车安全和发挥项目基本功能的前提下,合理选择路线走廊带、优化路线线位,因地制宜、分段选用设计速度和横断面形式,尽量绕避重大地质灾害,合理控制工程规模,节约工程造价。

6.1.2 应重点深化项目前期工作,即项目可行性研究报告编制阶段和初步设计阶段的总体设计的深度,其中:

a) 在可行性研究报告编制阶段,应在重点做好主要控制点和不同走廊带的比选论证的基础上,论证确定项目公路功能、技术标准、起终点、路线走向、主要控制性节点位置、走廊带方案、与相关路网接驳方案,确定项目建设方案与总体建设规模。

b) 在初步设计阶段,应在重点做好局部路线线位、大型桥隧构造物与交叉等构造物的方案比选与论证的基础上,论证确定路线线位、路段设计速度、路基宽度、大型桥隧构造物与交叉等构造物的具体方案,确定具体建设方案和项目建设预算。

6.2 总体设计要点

6.2.1 对于山高谷深、地形起伏大、地质条件复杂的路段，应利用卫星与航空影像、三维 CAD、工程 BIM 等技术手段，充分进行路线线位优化与方案比选论证。

6.2.2 对于连续性上、下坡的山区高速公路项目和路段，应兼顾考虑当前和今后一定时期内我国载重汽车性能低下、上下坡性能较差的现状，合理利用地形条件，视条件合理采用分离式路基断面；同时，应结合地形条件，对公路上、下行方向分别采用不同的平均纵坡作为控制条件，进行上、下行路线展线设计，将连续纵坡较缓的一侧布置为车辆下坡方向，将连续纵坡较陡的一侧布置为上坡方向，以利于下坡方向的行车安全性。

6.2.3 对于高山峡谷区路段，应充分结合设计交通量和车型组成条件，合理选用路基横断面形式和各组成部分宽度。在交通量较小时，横断面形式和各组成部分包括左侧路缘带、右侧硬路肩、中央分隔带等，经论证后可选用较窄的、适用的形式和宽度。

6.2.4 对于各类地质灾害发育或多种地质灾害叠加发育的地段，应加强地质选线和路线方案的比选论证工作：

  a) 山岭重丘区路段，应重点加强沿溪线、越岭线与隧道方案的比选论证；其次，应加强高低线位、高低路堤、半桥半隧，以及整体式路基与分离式路基等路线方案的比选论证。

  b) 路线方案比选论证时，应综合考虑几何线形指标、交通安全性、工程规模与造价、工程建设条件等因素，同时还应从项目全寿命周期成本的角度，考虑并对比项目长期运营环境、运营维护成本与费用等因素。应避免未经深入地质勘察与方案研究，直接以隧道方案穿越地形、地质条件复杂路段的现象。

  c) 对于深切峡谷地区且存在危岩崩塌路段、堆积层发育路段，宜选择隧道或桥梁方案，避免深挖，诱发滑坡等地质灾害。当通过必要的地质勘察和分析论证，有条件对不良地质病害进行合理、有效处置时，则宜优先选择明线或路基方案。

  d) 在沿溪线路线布置时，应适当控制路基高度，避免塌岸、冲刷、失水饱水变化等对路基的影响问题。

6.2.5 在地形复杂、地质条件差、互通式立交布置困难等路段，应密切结合路网条件和交通量转换需求，论证确定分离式立体交叉或互通式立交的交叉形式与建设方案。

6.2.6 应根据交通量及管理与服务等功能需求，合理论证确定收费站场、服务区、停车区等设置的间距、位置、形式以及建设规模；服务区、停车区等的用地应考虑地形条件变化。

6.2.7 建设项目均应在初步设计和施工图设计阶段开展交通安全性评价，并应以安全性评价结论作为项目路线方案与几何指标优化、局部路线方案比选、大型构造物方案论证、交通工程与安全设施完善等的重要依据。

7 路线

7.1 平面和纵断面

7.1.1 应基于运行速度的公路设计、检验与评价方法体系，与路段运行速度对应采用平、纵等主要几何指标，满足相邻路段运行速度的协调性和路段运行速度与设计速度的一致性要求；应避免在地形复杂路段一味采用低指标和地形平缓路段一味采用高指标的现象。

7.1.2 在平面线形设计中，圆曲线半径应结合地形等条件与设计速度分段相对应，合理选用。

7.1.3 在山岭重丘区受地形、地质等条件限制的路段，为使得路段运行速度达到或接近设计速度，平曲线半径宜采用表 1 中的推荐值。

表 1 与运行速度相对应的圆曲线半径推荐值

运行速度（km/h）	圆曲线半径推荐值（m）
60	235～310
70	235～450
80	310～650
90	450～1 000
100	650～1 400
110	1 000～2 000
120	1 400～2 000

7.1.4 在设计速度选用120km/h、100km/h的路段，以及设计速度选用80km/h但无地形、地质条件限制的路段，圆曲线半径取值应符合JTG D20的相关要求。

7.1.5 对于山岭重丘区的连续性上坡或下坡路段，应根据交通量和车型组成，同时兼顾上坡方向通行能力和下坡方向的行车安全性，充分结合沿线地形条件变化，合理进行纵坡设计，严格控制平均纵坡指标。

7.1.6 对于山岭重丘区越岭线路段，当前后路段的相对高差超过500m且不采用长隧道方案时，宜在路段中部选择地形条件较为平缓的路段，论证设置强制性停车区；并以此将该路段分为前后两端分别进行纵坡设计与平均纵坡控制。强制性停车区设置时，应考虑水源和供电等便利条件。

7.1.7 对于连续性上坡路段（分离式路基下坡方向除外），应总体结合货车运行速度折减变化进行路段纵断面与纵坡设计。一般情况下，应以保证货车上坡运行速度不低于容许最低速度为最低控制条件，否则应论证增设货车爬坡专用车道。

7.1.8 上坡方向的单一坡长指标不应超过JTG D20对不同纵坡最大坡长的规定；同时，应根据上坡方向货车运行速度折减变化，在货车运行速度接近或低于容许最低速度时，应设置足够长度的缓和坡段，以供货车加速提高运行速度。

7.1.9 当路段设计速度小于或等于80km/h时，缓和坡段的纵坡不应大于3%；当路段设计速度大于80km/h时，缓和坡段的纵坡不应大于2.5%。

7.1.10 缓和坡段的长度应根据货车运行速度变化确定，以保证货车运行速度提升并接近于路段设计速度；同时，其长度不应小于JTG D20规定的对应设计速度的最小坡长。

7.1.11 当受地形和工程规模等条件限制，不能保证上坡路段货车的运行速度保持在容许最低速度以上时，应结合沿线地形条件，论证增设货车爬坡专用车道。

7.1.12 高速公路整体式路基和分离式路基的连续性下坡路段，平均纵坡和坡长不宜超过表2的要求。

7.1.13 对于下坡方向的分离式路基路段，单一纵坡坡度不应大于JTG D20对应设计速度的最大纵坡指标，同时，平均纵坡和坡长不宜超过表2的规定。对于下坡方向的整体式路基路段，纵坡设计在满足JTG D20对最大纵坡和坡长等要求的同时，还应满足表2的要求。

7.1.14 连续性下坡路段的平均纵坡和坡长接近表2要求时，宜采用第7.1.6条的设计原则和方法，论证增设强制性停车区，即通过强制停车休息检修，以减小大型货车连续下坡可能的制动性能衰减问题；强制性停车区前后路段的平均纵坡宜分别满足表2的要求。

表2 连续长、陡下坡路段的平均坡度与坡长

平均坡度（%）	连续坡长（km）	相对高差（m）
<2.5	不限	不限
2.5	20.0	500
3.0	14.8	450
3.5	9.3	330
4.0	6.8	270
4.5	5.4	240
5.0	4.4	220

7.1.15 结合我国当前大型货车综合性能条件，在连续性下坡路段，必要时可论证增设专供货车下坡的专用车道，在为大型货车提供慢速持续安全下坡条件的同时，减少该类车型慢速下坡对主要交通流和路段通行效率的不利影响。

7.1.16 对连续性长、陡纵坡路段，当任意连续3km范围内平均纵坡大于3%时，应重点开展路段交通安全性评价，并根据评价结论提出路段速度控制和通行管理方案，完善交通工程和安全设施。

7.2 横断面

7.2.1 平原微丘区路段，宜采用整体式路基的断面形式；山岭重丘区路段应结合地形、地质、气候、气象等条件，提倡因地制宜选用分离式路基横断面形式。

7.2.2 一般地区和主要城镇周边交通量较大的路段，横断面各组成部分宽度应采用JTG B01规定的一般值；山岭重丘区地形条件复杂和工程地质灾害严重路段，在兼顾交通量、通行能力和发挥横断面各组成部分基本功能的前提下，可依据对应条件论证采用JTG B01规定的最小值。

7.2.3 应根据公路功能、交通量及车型组成并结合地形、地物等条件，论证确定适用的横断面形式及各组成部分的宽度。

7.2.4 一般路段，其横断面各组成部分的宽度应采用表3和表4中的"一般值"。

表3 整体式断面各部分宽度

横断面组成部分	中央分隔带	左侧路缘带	车道宽度	右侧硬路肩	土路肩
一般值（m）	2.00	0.75	3.75	3.00（2.50）	0.75
最小值（m）	1.00	0.50	3.75	1.50	0.75

注：项目以通行小客车为主时，右侧硬路肩可采用表中括号内数值

表4 分离式断面各部分宽度

横断面组成部分	左侧硬路肩	车道宽度	右侧硬路肩	土路肩
一般值（m）	1.00（1.25）	3.75	3.00（2.50）	0.75
最小值（m）	0.75	3.75	1.50	0.75

注1：在设计速度采用120km/h的路段，左侧硬路肩应采用表中括号内数值。
注2：项目以通行小客车为主时，右侧硬路肩可采用表中括号内数值

7.2.5 设计交通量接近或小于15 000辆(年平均日设计交通量,换算为标准小客车后),且受地形地物等条件限制路段及多车道公路特大桥路段,其右侧硬路肩宽度可论证采用表3和表4中的最小值。

7.2.6 以通行中小型客运车辆为主的承担旅游专线和机场专线功能的高速公路路段,其右侧硬路肩可采用表3和表4中的括号内数值(2.50m)。

7.2.7 受地形、地物等条件限制和特大桥梁路段,其整体式断面的中央分隔带可采用表3中的最小值(1.00m)。

7.2.8 设计速度采用80km/h的路段,或受地形地物条件限制路段,或内侧车道仅限小型车辆通行的路段,其整体式断面的左侧路缘带和分离式断面的左侧硬路肩可采用表3和表4中的最小值(0.50m和0.75m)。

7.2.9 右侧硬路肩宽度采用表3和表4中最小值(1.50m)的路段,应间隔性设置紧急停车带。紧急停车带宽度应为3.50m,有效长度不应小于40m,间距不宜大于500m。

7.2.10 连续上坡路段设置爬坡车道的路段,爬坡车道外侧应设置右侧硬路肩,但右侧硬路肩宽度最小可采用0.75m,以满足对应条件下车道右侧侧向安全余宽的要求。设置爬坡车道的路段,可不再考虑设置紧急停车道。

7.3 避险车道

7.3.1 对于连续长、陡下坡路段,应兼顾我国货运车型和驾驶行为等客观条件,宜结合交通安全性评价结论在下坡方向的中末端适当位置视地形等条件增设避险车道。

7.3.2 避险车道应设置在长、陡下坡路段的右侧视距良好的适当位置,其宽度不应小于4.50m。有条件时,宜在避险车道右侧平行设置救援车道。

8 路线交叉

8.1 立体交叉

8.1.1 高速公路与各类道路交叉时,均应采用立体交叉方式,即采用互通式立体交叉或分离式立体交叉。在高速公路的主线范围内,不得设置平面交叉。

8.1.2 应根据沿线城镇位置、纵横向路网与规划等情况,总体规划项目与各类道路交叉的位置、方式,合理控制交叉数量和交叉间距。

  a) 项目与一级公路、承担干线功能的二级公路及通往重要工矿区、港口、机场和旅游胜地等重要交通源的公路交叉时,应设置互通式立体交叉;与其他公路交叉时,应设置分离式立体交叉。

  b) 项目与地方道路(或乡村道路)交叉时,应设置通道或通道涵。有条件时,应首先对横向交叉的地方道路进行合理归并,减少交叉数量和次数。

  c) 在村镇密集路段,应综合考虑项目沿线城镇村落群众出行需求与路网现状及规划,结合沿线桥梁孔位布置情况,统筹规划分离式立体交叉、通道等的位置,方便沿线群众出行。

8.1.3 在软弱地基路段,立体交叉路基不宜采用挖方路堑的形式,并尽量避免挖方高边坡等现象;互通式立体交叉应优先考虑采用匝道上跨主线的交叉方式。

8.2 互通式立体交叉

8.2.1 互通式立交匝道断面中,右侧硬路肩宽度一般采用3.00m;当受地形地物条件限制且匝道交通量较小或车型组成中货车比例较小时,其右侧硬路肩宽度可采用2.50m。

8.2.2 在保证交通安全和满足收费管理需要的前提下,对于交通量较小的出入口型互通式立交,可采用简易的菱形、半苜蓿叶形等形式。有条件时,可利用邻近的通道、桥孔,设置简易互通立交。

8.2.3 当匝道交通量较小（设计交通量不大于500辆）且位置相对偏远时，可利用邻近的通道、桥孔等合并设置互通式立交。

8.2.4 对于互通式立交范围内设置的平面交叉，应进行详细的渠化设计，减少交叉冲突点，并设置完善的交通标志、标线。

8.3 通道

应在充分调查沿线村镇和农田分布及群众出行需求的基础上，兼顾桥梁等布孔位置，合理设置机耕通道和人行通道。对于村镇密集路段，通道间隔宜控制在400m左右，其他路段宜适当加大间隔距离。

9 路基与路面

9.1 路基

9.1.1 路基设计应做好工程地质勘察工作，加强勘察工作力度，查明水文地质和工程地质条件，获取设计所需要的岩土物理力学参数，为稳定分析等有关计算提供依据。

9.1.2 根据滇东北山区山高谷深、地形横坡陡峻、岩性变化大、边坡地质结构复杂的特点，应合理优化路线线位。路基设计应少开挖，减小边坡开挖高度，避免剥皮开挖，尽量减少对坡体的扰动，减小路基整体影响范围。在软质岩分布地区，针对堆积层发育、风化壳厚度大、顺层等不良地质路段，宜采取强防护原则。其中，路基防护与支挡措施不宜采用浆砌片石结构。

9.1.3 高填方路段、陡坡路段的路基边坡形式和坡率，应结合地形和工程地质条件、路基边坡高度、路基填料性质、经济与环保因素等，经稳定分析计算确定。对应路段的路基断面形式，宜采用台阶式，以利于边坡的稳定。

9.1.4 深挖方路基边坡宜采用折线式或台阶式边坡。台阶式边坡中部应设置边坡平台，边坡平台的宽度不宜小于2m。坚硬岩石地段边坡可不设平台，其边坡坡率可调查附近已建工程的人工边坡及自然山坡情况，根据边坡稳定性分析综合确定。

9.1.5 边坡防护结构应与地质条件相适应，土质边坡宜采用混凝土的拱形骨架、人字形骨架、菱形骨架等防护形式，防护措施结构宜兼顾排水功能。岩质边坡应根据边坡稳定性情况确定，对于浅层稳定性差的边坡，可采用框架锚杆结构；对于稳定性较差的高陡岩石边坡，宜采用预应力锚索结构。

9.1.6 临水路基应采取可靠的防护、导流措施，保证路基的稳定。防护措施可采用植物防护以及石笼防护、抛石防护、浸水挡墙等工程防护；导流措施可采用丁坝、顺坝等。应根据河流特性、水流性质、河道地貌、地质等因素，经技术经济比较后综合确定具体的防护措施。

9.1.7 高边坡施工应自上而下、防挖结合。软质岩宜优先考虑机械开挖；硬质岩宜采用光面爆破或小爆破，控制爆破强度。应重视坡顶卸载、坡体加固和坡脚支护等工序和措施。应对高边坡加强施工监测，及时掌握施工现场的地质条件、施工情况和变形、应力监测的反馈信息，必要时对原设计做校核、修改和补充，做到信息化施工。

9.1.8 路基防排水应遵循总体规划、合理布局、少占农田、保护环境的原则，采取防、排、截相结合的综合措施，保证路基处于干燥或中湿状态，做好路基防排水与地基处理、路基防护等综合设计，并与路面、桥梁、涵洞、隧道等防排水系统相协调。

9.1.9 路基穿越滑坡、泥石流、危岩、崩塌等不良地质地段时，应加强工程地质勘察，对灾害成因类型、规模、发展趋势及其对工程的危害程度进行分析评价，并进行专项治理设计。

9.1.10 滑坡地段路基设计应符合下列规定：

    a) 应根据滑坡类型、规模、稳定性，并结合滑坡区工程地质条件、公路的重要程度、施工条件及其他要求,采取减载、反压、排水与支挡工程的综合措施进行滑坡治理。

b) 采取减载措施时,必须考虑清方后滑坡后部和两侧山体的稳定性,防止后缘产生新的滑动;采取填土反压措施时,应防止堵塞滑坡前缘地下水渗出通道,并且要考虑基底的稳定性,必要时应进行地基处理。

c) 采取抗滑支挡工程措施时,抗滑挡土墙宜设置在滑坡前缘。必要时,可与排水、减载、锚固等措施联合使用。

d) 采取预应力锚固工程措施时,预应力锚杆(索)锚固段必须置于滑面以下的稳定地层中;预应力锚杆(索)承压结构应根据滑坡体岩土性质和承载力确定,宜采用钢筋混凝土框架或地梁,其坡面应采取防止表土被雨水冲刷、局部溜塌的措施。

e) 滑坡稳定性应采用工程地质类比法和力学计算进行综合分析确定。滑面岩土抗剪强度取值,可根据滑面岩土室内试验资料、极限平衡反算值、工程地质类比经验数据,结合滑坡可能出现的最不利情况进行分析确定。必要时可由现场试验资料进行确定。

f) 滑坡排水工程设计应采用地表排水与地下排水相结合的方案。地表排水工程应在滑坡后缘的稳定地层上设置环形截水沟,滑坡范围较大时,应在滑坡体范围内设置树枝状排水沟。地下排水工程应视滑动面状况、滑坡所在山坡流域水文地质条件及地下水动态特征,选用渗沟、仰斜式排水孔或者隧洞等排水方案。

g) 应进行滑坡防治监测与动态设计。滑坡防治监测包括施工安全监测、防治效果监测和营运期监测,应以施工安全监测和防治效果监测为主。在施工期间,监测结果应作为判断滑坡稳定状态、指导施工、反馈设计和防治效果检验的重要依据。

9.1.11 泥石流地段路基设计应符合下列规定:

a) 应查明泥石流的分布范围、成因类型、规模、特征、活动规律、泛滥边界、冲淤情况、泥痕高度、堆积区物质组成及分布形态、流量等,分析预测泥石流发展趋势及对公路的危害程度,合理选择防治措施。

b) 路线应绕避大型泥石流、泥石流群以及淤积严重的泥石流沟,并远离泥石流堵河严重地段的河岸。

c) 可采用桥梁跨越流通区的泥石流沟或者洪积扇区的稳定自然沟槽。应结合地形、地质、沟床冲淤情况、河槽宽度,泥石流的泛滥边界、泥浪高度、流量、发展趋势等,采用合理的桥梁跨径、净空高度及结构形式。

d) 当路线穿过规模大、危害严重的大型或多条泥石流沟时,可采用隧道方案,但应与其他方案作技术、经济比较后确定。隧道洞身应设置在泥石流底部稳定的地层中,进出口应避开泥石流可能危害的范围。

e) 应对路线无法绕避的泥石流灾害体进行变形监测、施工安全和防治效果监测。监测内容包括泥石流的频率、流量以及泥石流流量的变化与河水流量、降雨量的关系。

9.1.12 危岩、崩塌地段路基设计应符合下列规定:

a) 应查明危岩、崩塌地段地形、地貌、地质情况,查明危岩、崩塌的类型、范围、成因及对公路的危害程度,做出公路建成后崩塌的发生或发展的预测与稳定性评价,合理选择路线位置及综合防治措施。

b) 危岩、崩塌地段,路基设计应避免高填、深挖并远离崩塌物堆积区。对于中、小型崩塌地段,可采取遮蔽、拦截、清除、加固等综合治理工程措施。

c) 山坡或边坡坡面崩塌岩块的体积及数量不大,岩石的破碎程度不严重时,可采用全部清除并放缓边坡等措施。岩体严重破碎,经常发生落石路段,宜采用柔性防护系统或拦石墙与落石槽等拦截构造物。当崩塌体较大、发生频繁且距离路线较近而设拦截构造物有困难时,可采用明洞、棚洞等遮挡构造物处理。

d) 对在边坡上局部悬空的岩石,虽岩体仍较完整,但有可能成为危岩时,可视具体情况采用钢筋混凝土立柱、浆砌片石支顶或柔性防护系统。

9.1.13 应对软土、膨胀土、红黏土和高液限黏土等特殊土地基进行处理。软土地基可采用堆载预压、复合地基等方法处理,复合地基可结合当地水泥、石料丰富的条件,宜优先采用水泥搅拌桩或碎石桩。膨胀土地基可采用换填、掺石灰改良等方法处理;当采用弱、中等膨胀土作路基填料时,可采用包边封闭、掺石灰改良等方案处理。红黏土和高液限黏土地基可采用设置垫层、换填、掺石灰改良等方法处理;当采用红黏土和高液限黏土作路基填料时,可采用掺石灰改良、掺(夹)碎石改良等方法处理。

9.2 路面

9.2.1 高速公路路面结构应具有良好的使用性能耐久性和结构强度安全性,以确保在设计年限内不发生结构性破坏,并保证行车平稳、舒适和安全。

9.2.2 依据项目所在地气候环境、交通量及交通特征,综合考虑路基填筑性质、地方材料供应现状及路面长期养护的成本与难度,汲取既有高速公路建设经验,合理选择路面结构类型,积极稳妥使用水泥混凝土路面或配筋水泥混凝土路面。应根据主线、桥梁、隧道、匝道、收费站及连接线等需求与功能的不同,选择不同结构形式和材料的路面结构,尽可能降低工程造价。

9.2.3 地方高速公路沥青路面面层宜采用三层结构,上面层可采用细粒式沥青混凝土或沥青玛蹄脂碎石,中面层采用中粒式沥青混凝土,下面层采用粗粒式沥青混凝土。基层一般选用水泥稳定碎石并采用骨架密实结构,底基层选用级配碎石或水泥稳定碎石。

9.2.4 为提高公路运营安全及路面长期性能,高速公路长大纵坡路段及长隧道、隧道群等特殊路段,应提升路面表面抗滑、抗车辙及抗水损害性能,采取性能良好的路面结构与措施。上、中面层宜采用改性沥青,必要时掺入抗车辙剂。

9.2.5 在进行轴载换算和累计当量轴载计算时,宜适当考虑当前社会车辆中超载车辆现状。沥青路面结构设计应加强材料参数的测试,使材料设计与路面结构设计一体化。

9.2.6 深入调查项目所在地路面材料的生产与分布状况,高速公路路面面层材料应选用坚硬、耐磨、抗滑的石料,同时加强施工管控,确保路面集料符合现行规范技术要求。滇东北地区石灰岩储量大,强度较高,但抗滑性能差,不能用于沥青路面上面层。上面层宜选用符合规范抗滑性能要求的集料。

9.2.7 依据路基实际填料性质,路面设计应明确提出合理的路床顶面强度指标及验收标准,为路面结构提供适宜的路床平台,以提高路面长期结构强度,延长路面使用寿命,减少运营期路面养护费用。路基顶面验收弯沉应与路基强度回弹模量相对应。路基回弹模量应采用承载板试验确定,采用落锤式弯沉仪测试时应进行动、静弯沉修正。

9.2.8 积极推广沥青混合料生产远程监控、路面施工质量检测与质量控制等技术,提高路面施工质量。

10 桥涵

10.1 桥梁总体设计

10.1.1 桥梁结构选型与设计应遵循安全耐久、绿色环保、经济适用、易于养护的原则。桥型方案应优先采用技术成熟、经济适用的常规桥型,结构形式与尺寸宜统一,提倡标准化设计和标准化施工,以利控制质量和工期。

10.1.2 除特殊桥梁外,主线桥梁一般应按照上、下行分离的独立桥梁进行设计。涵洞应与路基同宽,桥梁护栏内缘宜与路基段硬路肩外缘齐平。

10.1.3 地形和地质条件复杂,山高谷深、岸坡陡峻、沟壑交错,断裂发育,岩体破碎,地震烈度高,滑坡、泥石流、岩溶等不良地质问题突出的地区，桥涵设计应充分考虑本地区特殊地形和地质条件的影响。

10.1.4 桥涵布设一般应服从路线布设的总体走向要求，特殊大桥和技术复杂大桥应进行桥位比选或桥隧、桥路比选，桥位应选择在河道或沟谷顺直、水流稳定、流速较缓的河段上，且应满足正常泄洪、排灌以及交叉跨越的基本需要，桥梁长度应兼顾桥址地形、地质条件综合考虑。

10.1.5 沿沟谷布设的纵向桥，应重视侧岸稳定性调查和防护设计，沟谷中的桥墩应考虑防撞和抗磨蚀要求。

10.1.6 桥梁应避开断层、岩溶、滑坡、泥石流等不良地质地带。条件受限时，必须采取有效的防控措施并进行严格论证。

10.1.7 桥梁纵坡不宜大于4%，易结冰路段不宜大于3%。桥梁纵坡大于3%时，应局部采取墩梁固结或限位措施，防止上部梁体产生不可恢复的移位。长陡纵坡桥梁应尽量减短联长。桥梁墩高大于25m时，应结合桥墩分布情况合理采取墩梁固结措施，以控制墩顶位移。

10.1.8 桥涵应按相关标准、规范采用适宜的设计汽车荷载等级、设计安全等级、环境类别、环境作用等级以及设计洪水频率、抗震设防等级进行设计。泥石流地区桥梁宜采用相应的设计洪水频率，强泥石流发育区的桥梁可提高一级标准。

10.1.9 应从桥型结构、抗震措施和构造要求等方面加强抗震设计，确保结构安全。

10.1.10 桥梁应按照相关规定进行设计阶段的防洪评价、风险评估等专题研究。

10.1.11 桥型方案应充分考虑施工便道、施工场地、施工方案及预制梁厂的位置和规模，以及预制梁的安装和运输条件。

10.1.12 桥涵方案应考虑养护需要，按照可到达、可检查、可维修和可更换的要求设置维修养护通道和设施。

10.1.13 桥面铺装除应具有完善的桥面防、排水系统外，还应结合本地自然气候条件、交通组成以及桥梁结构形式，采用耐久、适用的桥面铺装结构。

10.1.14 桥涵设计时，尚应结合项目实际考虑以下特殊荷载作用：
   a) 处于易发生崩塌区域的桥梁，应考虑崩塌物对桥梁的冲击作用。
   b) 处于泥石流多发地区的桥梁，应考虑泥石流对桥梁的冲击作用；若泥石流可能淹没桥梁，还需考虑泥石流对结构的重力作用。
   c) 作用在桥梁上的温度荷载或收缩徐变的影响应根据桥梁所在区域的实际情况、桥梁所采用的材料和施工条件等因素具体确定。

10.1.15 根据JTG/T B07-01，桥涵结构的设计基准期为100年，环境类别属Ⅰ类环境。设计时将桥涵结构分两部分考虑：出露在地面上的结构的作用等级按B级考虑，埋于土中的结构应结合各桥位的地下水质报告，分类别考虑。作用等级为E级以上的需作特殊设计。

10.1.16 桥梁构造各部位混凝土净保护层最小厚度应满足结构耐久性要求。环境作用等级为C级时，可适当加大钢筋保护层厚度。

10.1.17 桥涵抗震设计应依据JTG B02和JTG/T B02-01的要求，按桥址区基岩地震动峰值加速度值的大小进行抗震分析计算，并采取合理的结构形式和抗震措施。帽梁尺寸需按规定确定，梁底应设置必要的防震挡块或防震锚栓，各片梁之间应设置横向连接来提高上部结构的整体性。挡块与梁之间、梁与桥台之间应设置减震橡胶垫块，桥梁支座应采用满足抗震要求的抗震支座，特殊条件下宜设置抗震阻尼装置。

10.2 桥梁横断面及净空要求

10.2.1 整体式路基段的桥梁护栏内缘宜与路基段硬路肩外缘齐平，桥梁外侧护栏处宜收窄25cm，分离式路基段的桥梁内、外侧护栏处均宜收窄25cm，以降低工程造价。涵洞与路基同宽。

10.2.2 特大桥应结合所采用的护栏形式,合理确定硬路肩和中分带宽度,依据安全、经济的原则,进行桥梁宽度的经济性论证。

10.2.3 桥涵净空应符合JTG B01的规定。桥梁所跨铁路、航道、河流的净空要求,应按相关设计标准的规定、防洪评价结果或主管部门的批复文件执行,与大型管线交叉的技术要求,应与有关单位协商并取得书面意见,作为设计依据。跨越道路的桥梁桥下净空宜按表5的规定选取。

表5 各级公路桥下净空

被交叉道类别	净高(m)	净宽(m)	备 注
高速公路、一级公路	5.5	按照被交道路远期规划等级、断面宽度采用	
二级公路、三级公路	5.0		
四级公路	4.5		
机耕通道	4.0	6.0	
人行通道	3.0	4.0	

10.3 桥位选择

10.3.1 桥位选择应考虑施工场地布置和材料运输等方面的要求。桥隧相接时应考虑施工架梁条件和隧道弃渣等的要求和影响。

10.3.2 泥石流多发地区应加强桥位方案的研究,适当提高桥梁的设计标准,增强桥梁安全性、耐久性和抗病害能力:
  a) 在强泥石流地区,桥位应采取绕避方案。对于大型、强烈、频繁、集中的泥石流区域,应进行技术经济比较,兼顾安全可靠,谨慎选择桥位方案,采取绕避或于山口附近用隧洞、明洞通过。
  b) 路线必须通过泥石流地区时,桥位应选在沟床稳定的流通区的直线段上,且桥轴线应与主流正交,避免设在沟床纵坡由陡变缓、断面突然收缩或扩散以及弯道的转折处。
  c) 泥石流地区严禁开挖设桥,亦不得改沟并桥。
  d) 跨越泥石流堆积扇时,桥位宜避开肩腰、扇顶部位,宜选在扇缘尾部。
  e) 跨越泥石流堆积扇群时,桥位宜选在各沟出山口处或横切各扇缘尾部。

10.3.3 滑坡地区应加强所选桥位的地质勘察,查明滑坡发育机理和现状,选择切实安全的桥位方案:
  a) 桥位选择应绕避大型滑坡地带。
  b) 对于中、小型滑坡,桥位选择时宜优先采取避让方案。不能绕避时,应采取"避重就轻"的原则,避开滑坡主轴和下缘,选择其侧翼或上部通过。
  c) 位于滑坡区或潜在滑坡区的桥位,均应结合地质条件进行综合分析,预测施工及成桥期间岩土体的潜在变化及其对桥梁的影响,并做出评价。

10.3.4 岩溶地区应依据岩溶分布和发育状况进行桥位选择。
  a) 桥位选择宜避开岩溶发育地段,不可避免时,应选在岩层比较完整、洞穴顶板厚度尺寸足够处。
  b) 岩溶塌陷区的桥位,应选在覆盖层较厚、土层稳固、洞穴和地下水位稳定处。
  c) 地下河范围内不宜设桥,也不宜靠近设桥。

10.3.5 抗震要求较高区域桥位选择时应考虑下列因素:
  a) 桥位不宜选在地震时可能发生滑坡、崩塌及洞穴塌陷的地段。
  b) 桥位宜避开或远离断层布设,无法绕避时宜布设在其破碎带较窄的部位。

c) 大跨径超静定桥梁桥位不宜选择在软弱黏性土层、液化土层和严重不均匀断层上。

10.3.6 地形条件复杂区域的桥梁，桥位选择应结合弯、坡、斜桥和高墩大跨桥梁的设计和施工难度进行比选论证。

10.4 桥孔布置

10.4.1 为便于施工、养护和更换、抢修，同一地形条件下桥梁宜按等跨径布置，受地形地物限制时，局部可采用不同跨径，但跨径种类不宜过多。

10.4.2 跨越河流的桥梁，桥梁与水流相交的角度一般应控制在30°以内，最大不宜超过45°。当斜度小于10°，且无通航要求时，可以斜桥正做；当跨越无法改移的河道或人工沟渠时，宜按实际斜交角度布设。主线斜交桥涵，宜取10°、15°、20°或30°作为斜度变化等级，以利于标准化设计。地形及环境条件容许时，左右幅桥梁可采用斜桥正做分幅错孔布置。

10.4.3 通航河流桥孔布置，应充分保证各级航道的使用功能，使航道通顺，水流平稳。通航孔桥墩沿水流方向的轴线应与通航水位的主流方向一致，必须斜交时，一般斜度不宜大于5°；若斜度超过5°，桥梁净跨径必须相应加大。

10.4.4 不受水文控制的桥梁宜按正交桥梁布设，不采用或少采用斜交桥梁。地形及环境条件容许时，高等级公路的左右幅桥梁可分别采用正交桥梁，分幅错孔布置。

10.4.5 山区桥梁桥孔布置应结合路线布设综合考虑，注意其空间相互关系的合理性，遵循平面、纵面、横断面布设统筹兼顾的原则，避免破坏原有的自然环境和生态平衡。

10.4.6 地形复杂、山坡陡峻处的山谷桥梁，为避免锥坡落空或墩台基础悬空，桥梁墩台应布设在岸坡稳定的区域，且桥台高度不宜过高。桥台不宜布设在局部软弱地基、断层、滑坡以及岩溶等不良地质位置处。

10.4.7 山区峡谷河段上的桥梁不得压缩河槽，宜单孔跨越，桥台不应伸入河槽，墩台基础可置于不同的高程。

10.4.8 易发生水毁地区的"宽滩河段"桥梁跨径布设时一般采用一河一桥或一河多桥，河滩可作较大压缩；"游荡河段"宜在深泓线摆动范围内全部设桥，不宜过多压缩河床；"变迁河段"桥孔布设应依洪水总趋势确定，配合导流堤等调治构造物对河槽宽度可作适当压缩。

10.4.9 泥石流地区桥梁的桥孔布置应遵循"宁大勿小、宁高勿低"的原则。在保证足够的净空和过流断面的前提下，宜一孔跨越，且一般需要配套设置导流、防撞、拦挡、排导工程。

10.4.10 岩溶路段的桥梁，宜依据地质条件适当增大桥梁跨径，减少基础数量。

10.4.11 潜在滑坡地区桥梁应采用较大的跨径，一般以25m~40m为宜。桥梁应伸入挖方，避免采用高大重力式桥台和在滑坡体中设置桥墩，桥梁墩台宜优先采用桩基础。滑坡体中无法避免设置桥墩时，必须对滑坡采取措施进行稳定治理，桥梁墩台基础本身不应考虑参与抗滑受力，经安全论证后方可实施。

10.4.12 被交叉等级道路及地方路较为密集的路段，跨越3.5m宽以上的水泥路时宜设置桥梁跨越，跨越2.5m~3.0m道路时可结合交通量和功能设置6m通道，2m以下的道路设置4m的通道。

10.5 桥梁跨径及结构形式选择

10.5.1 桥梁结构形式应根据项目地区的自然条件、材料来源、地质情况、施工特点和使用要求，遵循技术可行、耐久适用的原则。特殊桥梁结构形式还应兼顾当地的地域文化特色综合确定。

10.5.2 为更好地适应本地地形、地貌、气候以及交通组成特点和工程建设条件，保证工程构件的安全、耐久和经济，加快设计和施工周期，利于管理养护，桥梁宜进行标准化设计和施工。

10.5.3 同一座桥或同一施工标段内的常规桥梁，设计时宜采用相同的跨径及结构形式，桥梁跨径和上部结构类型最多不超过两种，下部结构桥墩形式最多不超过三种，并避免采用极少数量的桩柱径尺寸,以方便施工和管理。

10.5.4 桥梁跨径宜采用标准跨径,条件受限时可局部采用非标准跨径。

10.5.5 受水文、航道、公路、铁路、水利以及其他构造物限制的桥梁,跨径应根据相关净空和协调要求确定。

10.5.6 桥梁在满足桥下净空要求时,桥梁跨径宜依据桥梁高度选用,桥梁跨径和墩高比值宜按大于1控制。

10.5.7 当墩高小于60m时,优先采用标准跨径预制结构,否则宜采用适宜跨径的连续梁、连续刚构或其他类型桥梁。桥梁跨径与墩高的对应选择建议见表6。

表6 桥梁跨径与墩高的对应表

项 目	墩高(m)	跨径选择(m)
中小桥	$H \leq 12$	10、16
特大桥、大桥	$H \leq 20$	20
	$20 < H \leq 25$	25
	$25 < H \leq 35$	30
	$35 < H \leq 45$	35、40
	$H > 45$	应根据地形、质条件进行经济技术论证后,确定桥梁的跨径

10.5.8 当桥梁深入挖方段较长或受局部地物限制时,如调整跨径能显著降低造价,可局部采用减短跨径的方式,但上部建筑高度宜保持一致,并进行特殊设计。

10.5.9 桥梁上部结构形式应结合项目区地形地貌特点、地质条件和施工工艺条件,经技术经济综合比选后确定,首推安全经济、技术成熟和利于施工及养护的结构形式:

a) 对于跨径小于等于40m的常规桥梁,上部结构形式宜采用利于机械化、工厂化施工的装配式结构。根据桥位实际特点,一般中小桥宜采用10m～20m跨径的装配式预应力混凝土空心板、梁或钢混组合梁,大中桥宜采用20m～40m跨径的装配式预应力混凝土梁或钢混组合梁。

b) 大跨径结构宜采用变截面连续梁、连续刚构、拱桥、斜拉桥、悬索桥等。当桥墩比较高,或者桥面纵坡较大,宜优先考虑采用连续刚构体系(墩梁固结),或采用连续—刚构体系。跨峡谷沟壑的桥梁,应根据桥梁高度选取适用经济的桥型。

1) 当桥梁高度在60m以内时,可选取40m跨径以内的常规预制安装体系结构,特殊条件下可考虑变截面预应力混凝土连续梁桥。

2) 当桥梁高度在60m～80m时,宜采用连续刚构桥、拱桥等大跨径特殊桥型,但特殊构形需与常规预制桥型方案进行技术经济比较后择优选用。

3) 当桥梁高度超过80m时,可对连续刚构桥、斜拉桥及悬索桥等几种桥型方案进行比较,择优选用。

4) 拟采用特殊桥型的特大桥、大桥,在初步设计阶段应进行多桥型方案(两个及以上方案)比选论证。桥型方案选择时,应充分考虑施工条件与技术水平。

c) 曲线半径较小或受地形地物等因素控制时,桥梁上部结构形式可采用现浇预应力混凝土结构。

d) 小半径曲线桥应采用耐久性好的预应力结构或钢结构,并加强上部方案比选,在极特殊条件下可采用钢筋混凝土结构,但应加强结构耐久性设计。

e) 净空受限的桥梁宜采用上部建筑高度较小的结构形式。

f) 山区桥梁应结合预制场地、施工便道和运输、安装条件,选择适宜的上部结构形式。有运输条件时,可考虑设预制场集中预制,运输至桥位现场安装施工;无运输条件时,可根据桥位建设条件,在桥位附近设预制场地。

g) 同一座桥梁或同一施工标段的上部结构形式宜保持一致。

h) 跨线桥或桥下净空受限制的桥梁,上部结构可考虑采用钢结构或钢—混组合结构。

10.5.10 桥梁下部结构形式一般应结合地形地质条件、上部结构形式、桥梁跨径、墩台高度以及地震作用等情况综合选定,并兼顾景观要求,达到安全可靠、适用耐久、经济合理。桥梁下部结构类型原则上应尽可能减少结构类型,方便施工。

10.5.11 常规跨径的桥梁下部结构根据桥梁高度可采用圆柱式墩、方柱式墩、矩形实体墩、Y形墩和薄壁空心墩,桥台可采用柱式台、肋式台、座板台、扶壁式台和重力式台。非常规的跨河桥墩及不良地质路段的桥墩应进行特殊设计。

10.5.12 常规桥梁的桥墩形式宜依据桥梁跨径和桥墩高度选用,桥墩形式的对应选择建议见表7。表中并列的墩型应进行技术经济比选后确定。

表7 桥墩形式与桥梁跨径、墩高的对应表

项目	跨径(m)	墩高(m)	桥墩结构形式选择
中小桥	10、16	$H \leq 12$	圆柱式
特大桥、大桥	20	$H \leq 20$	圆柱式
	25	$20 < H \leq 25$	圆柱式
	30	$25 < H \leq 35$	圆柱式、方柱式
	35、40	$35 < H \leq 45$	矩形实体墩、Y形墩
	$H > 40$	$H > 45$	Y形墩、空心薄壁

10.5.13 桥墩墩高小于等于25m时,一般采用圆柱式桥墩;桥墩墩高介于25m~35m时,一般采用圆柱墩和方柱墩;桥墩高度介于35m~45m时,一般采用矩形实体墩和Y形墩;墩高大于45m时,宜采用Y形墩或空心薄壁墩。

10.5.14 桥台结构形式应根据地形、地质条件和台后填土高度等因素确定,一般采用桩柱式台、肋式台、扶壁台、座板式台及重力式台。

10.5.15 采用常规柱式台和肋式台时,桥台填土高H小于或等于5m宜采用柱式台,H大于5m宜采用肋式台。采用其他桥台时,应依桥位条件通过验算确定。

10.5.16 山区位于挖方路段的桥台,不宜采用基坑开挖较深、对山体破坏较大的桥台结构形式。重力式L形、U形台圬工体积过大,一般情况下应避免采用,特殊情况下根据地形地质条件可适当采用。

10.5.17 山区坡面较陡处的桥台,桥台高度控制宜尽量降低,不宜采用锥坡溜坡坡面较长的桥台结构形式,条件特殊时应采用无台前溜坡桥台形式。

10.5.18 受冲刷和水流侵蚀的桥梁墩台基础应优先选用桩基础,冲刷深度小、地质条件好时可选择扩大基础,但基础应有足够埋置深度。

10.5.19 较陡坡面上不宜采用扩大基础和群桩基础,以避免大面积开挖破坏边坡稳定,并减少对自然地貌的破坏。陡坡基础开挖平台应考虑坡面稳定性和平台施工可操作性。设计阶段应加强对施工便道的研究,确保施工机械和材料能顺利进场。

10.5.20 水下基础应根据水文地质条件,结合施工工艺等因素,综合考虑选取经济合理的基础形式。

10.5.21 环境敏感、脆弱、环保要求高的山区,可选用上下部均为预制的全装配式桥梁,以减轻环境压力。

10.5.22 泥石流多发地区的桥梁结构形式可加大跨径采用大跨径变截面连续梁桥,较深的 V 形沟谷宜采用拱桥。

10.5.23 跨越易发生水毁、高度受限、有漂浮物河流的桥梁,结构形式一般采用梁(板)桥。对于较大较宽的河流,宜采用大跨径拱桥、变截面连续梁桥。

10.5.24 滑坡地区桥梁不宜采用拱桥或连续梁(连续刚构)等对变位敏感的超静定结构,宜采用桥面连续的简支梁(板)桥。桥梁墩台宜采用桩柱式,使桩基深入稳定土层或岩层,并宜采用避免钻孔泥浆渗透引发滑坡的挖孔桩成孔方式。

10.6 结构设计

10.6.1 倡导标准化、轻型化和装配化设计理念,积极选用利于结构安全耐久的新材料、新工艺:
  a) 桥梁上部结构形式宜采用预应力混凝土结构,鼓励采用钢结构。
  b) 断裂发育、岩体破碎的潜在崩塌落石路段,桥梁结构宜采用简支结构体系,以便及时修复。
  c) 山区桥梁下部结构应充分考虑冲刷和落石撞击的影响,应尽量减少墩柱数量,加大墩柱横向间距。深埋基础宜优先采用桩基础,避免对山体造成过大的开挖破坏。

10.6.2 墩台结构设计应考虑跨径、斜交角度、墩高、场地土类别、地震动峰值加速度等多种因素。设计时宜尽可能统一结构形式,减少结构类型,并统一结构配筋原则,整合结构尺寸及受力断面配筋率等。

10.6.3 桥墩高度应考虑墩顶位移的控制,墩高大于25m时宜采取墩梁固结措施。

10.6.4 桥梁纵坡大于或等于3%时,桥墩墩顶应采取可靠的限位措施,防止上部梁体出现不可恢复的移位变形。

10.6.5 桩基墩台位于横坡较陡的山坡面上时,应依据准确的地形纵横断面进行设计,按照地质条件并考虑桩基施工平台设置的需要,合理确定桩顶设计高程,应避免过多开挖山体,破坏环境。

10.6.6 地质条件复杂的桥梁,桩基的承载力宜通过试桩确定。软土地区的桥梁桩基设计,宜做多桩基类型的技术经济比较。

10.6.7 岩溶地区的桩基应按下列要求进行设计:
  a) 当完整基岩厚度小于3倍桩径d,基岩裂隙发育时,端承桩的桩端宜穿越溶洞进入下层基岩。
  b) 在无法准确掌握溶洞具体情况时,溶洞顶板厚度应大于$2.5d$且不小于$4m$;如果桩侧摩阻力所占比例超过50%时,顶板厚度要求值可小于$2.5d$或$4m$;如果桩身较短(小于$30m$),上部荷载较大且端承力占80%以上,则顶板安全厚度要求值需达到$3d\sim5d$;如果桩端以下持力层岩性较差、岩体较破碎、岩溶裂隙发育强烈、裂隙水丰富时,应保证顶板安全厚度在$3.5d$或$5m$左右以确保顶板稳定。
  c) 岩溶地区端承桩在入岩深度和顶板厚度的取舍中应遵循"桩端嵌岩深度宜浅不宜深,优先保证顶板安全厚度"的原则,嵌岩深度可根据基岩的特点(裂隙节理、岩溶发育程度、岩性、厚度等)在$1d\sim3d$范围内取最优化值。岩溶地区桩端嵌岩深度不宜超过$3d$。

10.6.8 处在压缩河床和游荡、变迁河段的桥梁,应设置完善的调治构造物。埋置式桥台的锥坡需注意防护加固,以免冲毁后危及桥台安全。

10.7 涵洞设计

10.7.1 涵洞结构形式的选择应符合因地制宜、就地取材、利用地形、方便施工的原则。根据汇水面积、设计流量、使用性质、地质情况以及填土高度和地基承载力等条件,一般可选用钢筋混凝土圆管涵、钢筋混凝土盖板涵及钢筋混凝土箱涵、钢筋混凝土拱涵以及钢波纹管涵等。

10.7.2 考虑区域雨水多、降雨强度大的特点,本地区选择涵洞结构形式时,一般情况宜采用钢筋混凝土盖板涵,尽量少用钢筋混凝土圆管涵。为便于清淤,涵洞最小孔径应根据涵洞长度确定,主线上的涵洞最小孔径不应小于1.5m。

10.7.3 软基路基或地质条件较差路段,宜采用钢筋混凝土箱涵,涵顶填土高度宜控制在0.5m~6.0m,尽量按正交布置。

10.7.4 为贯彻环保设计理念,山区路段涵洞应适当加大涵底纵坡,涵洞的进出水口处应设置沉砂池或铺砌工程,减小淤积及冲刷,沉砂池大小应根据排洪流量合理设置。对于设置于陡坡上的涵洞,根据涵位条件,可设计为阶梯涵、陡坡涵,进口设跌水井、出口设急流槽等构造,陡坡涵洞应设计足够的消能构造物,避免对农田、村庄造成不利影响。

10.7.5 应根据涵位进出口处的地形、沟形、地质条件,宣泄径流的需要及与路基排水系统的连接等,合理设计涵洞的进出水口形式。

10.7.6 通道设计应遵循以下要点:
   a) 主线与乡道交叉时,其交叉方式应根据地形及主线纵面设计等情况确定,一般以乡道下穿主线为宜,无法下穿时可考虑设置天桥。
   b) 下穿主线的乡村道路,通道最小净空需满足JTG D60的规定。有条件时,在不大规模增加造价的情况下尽可能选用较大的净空,并尽量利用中、小桥桥下兼通道。
   c) 通道的布设应与桥梁、立交桥及村庄的发展和布局综合考虑,其设置密度及位置应合理。
   d) 通道高程应结合排水考虑,通道路面高程宜高于原地面,原则上不下挖,便于雨水自排,少数通道根据地势,若能有效解决自排水问题,也可适当下挖。通道内兼过水时应设置矩形排水沟,路面尽可能高出排水沟水面30cm,防止水淹。
   e) 通道在结构类型选择时应注意以下要点:
      1) 一般的人行、机耕通道,宜采用钢筋混凝土盖板结构。
      2) 控制路基高度的汽车通道、特殊的机耕通道,宜采用钢筋混凝土板式或预应力混凝土空心板桥。
      3) 跨山涧沟谷填土高度大于15m且地基承载力高时,可选用拱式通道。承载力不足的需进行地基处理,并宜采用整体基础设计。

10.7.7 天桥设计应遵循以下要点:
   a) 人行天桥桥面净宽需大于或等于3.0m。一般的天桥建议桥面净宽取3.5m,两侧各设25cm护栏,桥面总宽为4.0m,具体结合各天桥的人流量确定。
   b) 一般单向通行的车行天桥建议桥面净宽取4.5m,两侧各设50cm护栏,桥面总宽为5.5m;双向通行的车行天桥建议桥面净宽取7.0m,两侧各设50cm护栏,桥面总宽为8.0m;具体可结合交通量确定。
   c) 天桥应尽量设成正交,纵坡对称于桥梁跨中。
   d) 桥头与路基衔接处,结合交通安全设置必要的防护措施。

10.8 分离式立交

10.8.1 立交桥,特别是被交路上跨的立交桥,桥型布置除综合考虑设计、施工、造价等因素外,还应充分保证各级公路的使用功能,使视野开阔,诱导良好,行车舒适安全。桥型选择时应注重造型美观、结构轻盈、线条简明,做到多样统一。

10.8.2 被交路上跨主线立交桥设计应符合下列规定:
   a) 被交路上跨的立交桥,孔数、跨径以确保行驶安全、视野开阔的布孔为原则,兼顾美观、经济,并使桥台不阻挡视线。视地形条件,可采用多跨连梁、刚构、拱式、斜腿刚构等桥型。多跨桥梁结构形式应注重桥型美观,可考虑等截面斜腹板箱梁、变截面箱梁加饰条处理。
b) 被交路上跨的公路分离式立交桥(互通除外),其设计标准根据被交路等级按 JTG B01 确定。一般乡村汽车道立交桥可按规范中有关四级公路汽车荷载的规定确定。
c) 桥面雨水应通过雨水管排入边沟,不得直接排入高速公路,以免影响行车和损毁路面及墩台。桥头设水簸箕,引道边坡设排水槽,也可结合人行踏步兼作排水;引道应设一段护栏,并注意与原有道路的衔接。
d) 被交路上跨的立交桥,可根据需要增加桥面宽度;跨路孔设防抛网,避免杂物掉落到高速公路上;通行机动车的立交桥两侧设防撞护栏。
e) 桥下净高大于或等于5m,建议预留5.5m以上。
f) 桥台及墩台基础等可参照主线桥梁进行处理。桥台锥坡尽量以植物生态防护为主。

10.8.3 当分离式立交桥在上跨公路需中央分隔带落墩时,其两侧应设防撞护栏或两端设置防撞岛,并不得侵入公路建筑限界。

10.8.4 被交路下挖时,应维持原有的自然排水状态。

10.9 桥梁附属设施

10.9.1 特大桥和大中桥内、外侧护栏均宜采用钢筋混凝土墙式护栏,护栏防护等级根据安全要求确定。小桥涵、通道防撞设施应与路线防撞设施一并考虑。

10.9.2 桥梁伸缩缝的设置应根据实际伸缩量选用,常规条件下,预制结构桥梁宜采用 D80 型伸缩缝,对应不同跨径桥梁分联建议如下:20m 跨桥梁分联长度 80m～100m,采用 D80 伸缩缝;25m 跨桥梁分联长度 100m～125m,采用 D80 伸缩缝;30m 跨桥梁分联长度 90m～120m,采用 D80 伸缩缝;40m 跨桥梁分联长度 120m～160m,采用 D160 伸缩缝。其他桥梁按实际情况计算后合理确定伸缩缝型号。高墩和高地震烈度区的桥梁伸缩缝型号宜适当加大。伸缩缝是鼓励采用利于维修和快速更换的形式。

10.9.3 应依据桥面径流流量,设计完善的桥面排水系统,跨越公路的桥孔及通过有水质要求的路段,应设计集中排水系统,避免影响桥下通行或污染水质。

10.9.4 桥梁、明涵及明通道,须设置桥头搭板,台后搭板置于牛腿上,搭板长度原则上根据台后填土高度及地质条件确定:
a) 特大桥、大桥、中桥:桥头路堤填土高度≥5m时,桥台搭板长度取8m;桥头路堤填土高度<5m时,桥台搭板长度取6m。
b) 小桥、明涵、通道:桥台搭板长度取6m。
c) 被交路上跨分离式立交桥,一、二级公路的搭板长度取8m;三级公路以下不设搭板,桥头路堤夯填碎石。

10.9.5 桥梁及所有构造物设计时,均应按交通工程的要求,预留锚固构件和通信、电力管道。

11 隧道

11.1 隧道设计

11.1.1 滇东北山区山高谷深,地质构造复杂,危岩陡壁、崩塌、滑坡等地质灾害隐患多、垂直气候明显、地震频度高的地区,应加强隧址区地质条件勘察及区域气象、地震、建设环境等条件调查,兼顾路线走廊条件,遵循安全、节能、环保、经济、耐久的原则,适度超前,合理确定隧道建设规模与技术方案。

11.1.2 高山峡谷路段,应结合全寿命周期成本,做好路、桥、隧综合比较,重点开展越岭段长大隧道轴线方案、沿溪线隧道群与长隧道方案、傍山桥梁与隧道方案、深路堑与隧道方案的比选:

a) 隧道轴线应避开岩溶强烈发育和区域断裂带等地质灾害严重区段,崩塌落石路段宜优先选用隧道方案。
b) 覆盖层薄的傍山隧道宜进行明洞、棚洞以及暗洞布设方案的比较,择优推荐;路线布设受限,可采用连拱或小净距布设方式,节省土地,但应做充分的技术论证。
c) 濒临库区的隧道,其洞口高程应高出计算洪水位不小于0.5m,并考虑水的长期浸泡作用可能导致岸坡坍塌对隧道洞口、洞身稳定性的影响,使隧道轴线位于塌岸影响范围以外的稳固地层内。
d) 应结合生态环境保护要求,对隧道施工场地及施工便道布置、隧道弃渣场、场地恢复等进行设计,结合施工组织安排,合理利用隧道弃渣。

11.1.3 隧道建筑限界、净空断面及平纵线形设计应满足以下规定:

a) 隧道建筑限界应符合 JTG B01 相关规定;余宽应双侧设置,并包含在检修道宽度内,检修道高度不应高于45cm。
b) 隧道净空断面应满足结构受力以及机电设备空间、养护维修等需要,一般地质条件下应采用相同的内轮廓断面,可根据实际选用图1～图4的设计方案。
c) 洞口内外3s行程长度范围内的平、纵线形应一致。对采用直线或圆曲线造成工程规模急剧增加或行车安全性降低的特殊困难地段,洞口内外可采用缓和曲线,但应加强线形诱导设施。
d) 隧道纵坡不应小于0.3%,不宜大于3%,中、短隧道纵坡可适当加大,但不宜大于4%,特长隧道纵坡宜不大于2.5%。结合隧道涌水量,合理控制采用最小纵坡段落长度,避免运营期间排水不畅或淤积。
e) 连拱隧道长度一般宜小于300m,不宜大于500m;小净距隧道或小净距段落长度宜小于500m,不宜大于800m。
f) 根据隧道所处位置及交通量情况,双向四车道高速公路上独立的短隧道可采用与路基同宽的形式。
g) 洞口之间小于6s设计行程长度(表8)的相邻隧道,其平纵线形以及通风、照明、消防、监控及安全管理、防灾救援等设施应整体设计。

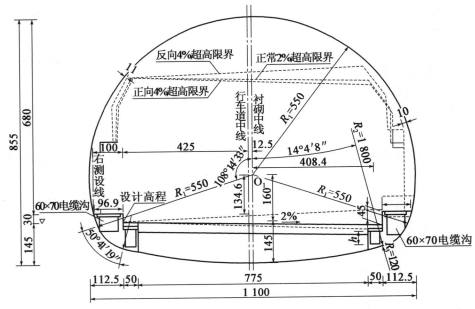

图1 双车道80km/h隧道建筑限界及净空断面(尺寸单位:cm)

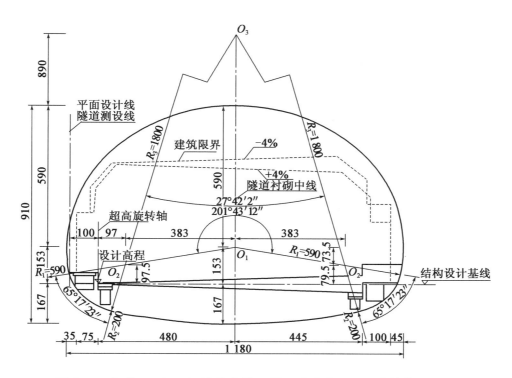

图2 双车道100km/h隧道建筑限界及净空断面(尺寸单位:cm)

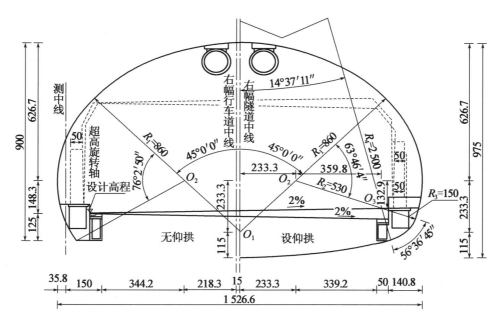

图3 三车道80km/h隧道建筑限界及净空断面(尺寸单位:cm)

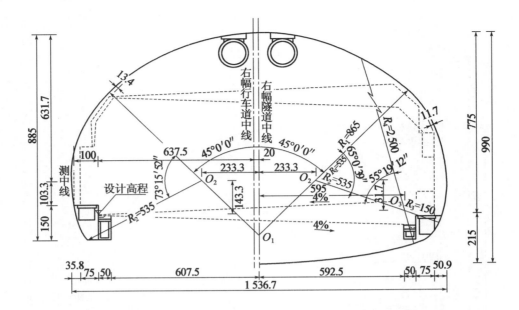

图 4 三车道 100km/h 隧道建筑限界及净空断面（尺寸单位：cm）

表 8 6s 设计速度行程计算距离

设计速度（km/h）	6s 设计速度行程（m）
120	200
100	167
80	133

11.1.4 隧道衬砌结构设计应与项目地区地质条件相适应，并满足设计使用年限要求。一般围岩条件下倡导采用标准化设计，强化动态控制，确保结构安全。

  a) 明洞应根据边坡地层条件、高度、回填厚度及横坡等情况进行设计，当顶边坡高于 8m 时，宜考虑洞顶塌落体的临时堆载。

  b) 浅埋、偏压地段以及围岩较差且地下水较发育地段，二次衬砌宜采用带仰拱钢筋混凝土结构。当隧道偏压严重时，其支护参数、开挖方式、施工工序应进行专项设计。两车道隧道支护参数见表9，三车道隧道支护参数见表10。

表 9 两车道隧道支护参数

围岩级别	初期支护							二次衬砌	
	喷射混凝土		锚杆			钢筋网（mm）	钢架间距（cm）	拱、墙（cm）	仰拱（cm）
	拱、墙（cm）	仰拱（cm）	位置	长度（m）	间距（m）				
对称明洞								60 C30 钢	
V_2 级	25	25	拱、墙	3.5	1.0×0.6	φ8@200×200（拱、墙部）	60（I18）	50 C30 钢	

表9(续)

围岩级别	初期支护							二次衬砌	
	喷射混凝土		锚杆						
	拱、墙(cm)	仰拱(cm)	位置	长度(m)	间距(m)	钢筋网(mm)	钢架间距(cm)	拱、墙(cm)	仰拱(cm)
Ⅴ₁级	25	25	拱、墙	3.5	1.0×0.8	φ8@200×200（拱、墙部）	80（I18）	45 C30钢	
Ⅳ₃级	22	22	拱、墙	3.0	1.0×0.8	φ8@250×250（拱、墙部）	80（I16）	40 C30钢	
Ⅳ₂级	22	—	拱、墙	3.0	1.0×1.0	φ8@250×250（拱、墙部）	100（格栅）	40 C30混凝土	
Ⅳ₁级	15	—	拱、墙	2.5	1.2×1.2	φ8@250×25（拱、墙部）	—	40 C30混凝土	
Ⅲ₂级	12	—	拱、墙	2.5	1.2×1.2	—	—	35 C30混凝土	12
Ⅲ₁级	10	—	拱部	2.5	1.5×1.5	—	—	35 C30混凝土	10

表10 三车道隧道支护参数

围岩级别	初期支护							二次衬砌	
	喷射混凝土		锚杆						
	拱、墙(cm)	仰拱(cm)	位置	长度(m)	间距(m)	钢筋网(mm)	钢架间距(cm)	拱、墙(cm)	仰拱(cm)
对称明洞								70 C30钢	
Ⅴ₂级	29	29	拱、墙	4.0	1.0×0.6	φ8@150×150（双层,拱、墙部）	60（I22b）	60 C30钢	
Ⅴ₁级	27	27	拱、墙	4.0	1.0×0.7	φ8@150×150（双层,拱、墙部）	70（I20b）	60 C30钢	
Ⅳ₃级	25	25	拱、墙	3.5	1.0×0.8	φ8@200×200（单层,拱、墙部）	80（I18）	55 C30钢	
Ⅳ₂级	25	—	拱、墙	3.5	1.0×1.0	φ8@200×200（单层,拱、墙部）	100（I18）	50 C30钢	
Ⅳ₁级	25	—	拱、墙	3.0	1.2×1.2	φ8@200×200（单层,拱、墙部）	120（I18）	50 C30混凝土	

表10（续）

围岩级别	初期支护							二次衬砌	
	喷射混凝土		锚杆			钢筋网（mm）	钢架间距（cm）	拱、墙（cm）	仰拱（cm）
	拱、墙（cm）	仰拱（cm）	位置	长度（m）	间距（m）				
Ⅳ₁级硬岩段	25	—	拱、墙	3.0	1.2×1.2	φ8@200×200（单层，拱、墙部）	120（I18）	50 C30 混凝土	—
Ⅲ₂级	23	—	拱、墙	3.0	1.2×1.2	φ8@250×250（单层，拱部）	120（I16或格栅钢架）	45 C30 混凝土	—
Ⅲ₁级	16	—	拱、墙	3.0	1.2×1.2	φ8@250×250（单层，拱部）		45 C30 混凝土	—

c) 连拱隧道宜采用复合式中墙的结构形式，中墙厚度两车道隧道不宜小于2.0m，三车道隧道不宜小于2.2m。结合地质条件，经技术经济比较后可采用无中墙连拱形式。

d) 小净距隧道应根据隧道围岩级别及净距大小采用相应的中夹岩加固方式与施工控制措施，保证中间岩柱稳定与结构安全。

e) 一般地形、地质条件下，分离式隧道衬砌支护参数数可参照表9和表10选用，并应根据现场监控量测信息对支护参数进行调整，特殊地质地段应进行专项设计。

f) 洞口段为土质地层、软岩时宜采用长管棚预加固，管棚长度不宜小于20m，且不宜大于40m；围岩为硬质岩时，可采用超前小导管或超前锚杆预加固。

g) Ⅴ级围岩段宜采用超前小导管（有必要时双排布设）预支护，Ⅳ级围岩宜采用超前锚杆或超前小导管预支护。

h) 高地应力区段应根据地应力大小和围岩强度等条件，采取相应的应力释放、结构加强、多层支护、主动防护等综合处治措施，防控软岩大变形及硬质岩岩爆。

i) 高烈度区隧道衬砌宜采用带仰拱的曲墙式衬砌；当处于液化土层或软弱黏土层时，应采取措施防止地层液化、不均匀沉降以及震陷对结构的不利影响。严禁衬砌背后存在空洞，衬砌背后空洞应压注水泥砂浆或混凝土进行充填。

j) 明暗洞交界处、软硬岩交界处以及断层破碎带段、加宽段与正常断面结合处应设置抗震缝。对于地震动峰值加速度系数为0.2g~0.3g的地区，抗震缝纵向间距可取10m~15m，抗震缝宽3cm~5cm，以利于地震时有效吸能。

k) 当隧道无法绕避且需穿越活动性断裂时，应进行专项论证，并在设计中采取应对措施，其净空断面应加大。

11.1.5 隧道洞口与洞门工程设计应符合以下规定：

a) 洞口位置应避开排水困难沟谷底及滑坡、崩塌、落石、岩堆、泥石流等地质病害地段，防止落石、滑塌等工程灾害，成洞面洞轴处仰坡高度宜控制在2m~5m内。

b) 对于山体坡面破碎、有落石滚石风险时，洞口段设计应考虑相应的防落石措施，位于陡崖下洞口应采取接长明洞或其他防落石措施。

c) 洞门设计应保证运营安全，并与环境协调。当坡面平缓时，宜优先选用削竹式洞门，使其与自然融合；采用端墙式洞门时宜采用钢筋混凝土轻型结构，以利抗震。

d) 隧道洞口轴线宜与地形等高线接近垂直或大角度斜交，布设困难、呈小角度进洞时，进洞方案应专项设计，且不宜采用斜交式洞门。
e) 洞口内外不同宽度路基应做好衔接过渡设计以及进出口安全设施设置，防止车辆冲撞洞门墙。
f) 桥隧相接时应统筹考虑，做好施工工序以及桥隧、左右洞之间衔接设计，减少施工干扰。
g) 结合地质、地形条件，棚洞可独立设置，也可设置在洞口，避免高边坡，防止工程病害。

11.1.6 滇东北地区生态环境敏感，隧道防排水设计应充分考虑对地下水资源和生态环境的影响，对地表水、地下水妥善处理，形成一个完整、通畅、便于维护的洞内外防排水系统：

a) 按照"清浊分开，浊水处理后排放"的原则设置排水系统，涌水量小的中、短隧道宜设置路侧边沟排水，涌水量大的隧道或长、特长隧道宜设置中心水沟。两车道隧道中心水沟宜设置在左侧车行道以下，并避开汽车轮迹线。
b) 灰岩地层易出现钙化物析出堵塞排水管道，宜适当加大排水管（沟）管径，加密检查井。
c) 地下水发育的隧道宜采用分区防水技术。地下水发育、含水层明显，且有长期补给来源时，可利用辅助坑道或设置泄水洞等排水措施。
d) 当排水可能导致水土流失，影响居民生产、生活用水与生态环境时，应遵循"以堵为主，限量排放"的原则，采取围岩堵水、地表截水等措施，减少地下水的渗漏。
e) 超前帷幕注浆加固范围宜为开挖轮廓线外 4m～6m，止浆岩墙的厚度不小于 5m，初始注浆压力应比静水压力大 0.5MPa～1.5MPa，最高注浆压力可为静水压力的 2 倍～3 倍。
f) 应考虑地下水腐蚀性对隧道支护结构耐久性的影响，结合腐蚀性类型、程度采取相应的防腐措施。

11.1.7 当隧道穿越岩溶、岩堆、富水带、断层破碎带等地段，应探明不良地质发育程度、规模、类型等，采取针对性措施，保证施工安全和结构长期稳定。具体要点如下：

a) 当隧道穿越岩溶地段，应符合下列规定：
   1) 查明岩溶发育阶段、溶洞分布范围和类型、岩层的完整稳定程度、溶洞填充物、地下水等情况。
   2) 遵循"宜疏不宜堵"的原则对岩溶水进行综合治理。
   3) 根据岩溶对隧道工程的影响程度，可采取跨越、加固洞壁、护拱、清除填充物或加固软弱地基、回填等措施进行综合治理。

b) 当隧道穿越岩堆地段，应符合下列规定：
   1) 探明岩堆体分布范围及厚度、岩堆体土石构成比及隧道与堆积体位置关系等情况。
   2) 隧道在岩堆体上部通过时，可适当清除岩堆体，但应控制边仰坡高度。
   3) 隧道穿越岩堆体中、下部时，应早进晚出，少刷坡、不破坏原岩堆体坡脚，并采取合理的预支护及结构设计。

c) 对当隧道穿越富水带、断层破碎带地段，应符合下列规定：
   1) 根据地下水来源和富水量，结合裂隙带和断层带规模及其充填、胶结状况，采取排、堵结合，超前预加固等综合治理措施。
   2) 根据水文地质条件及堵水方案，必要时可采用抗水压衬砌。
   3) 评估地下水的不利影响，可采取超前钻孔排水、井点降水等措施改善掌子面附近围岩富水情况，防止涌突水灾害。

11.2 隧道机电与救援

11.2.1 通风、照明设施应结合隧道所处区域环境、交通量等合理设置，并符合以下规定：

a) 通风、照明设施应根据预测交通量统筹规划,一次设计,分期实施。
b) 采用全射流风机纵向式通风隧道以及斜(竖)井分段纵向式通风最大分段长度不宜超过5 000m,大于1 000m的隧道应考虑火灾排烟,中隧道根据设计交通量、纵坡等具体情况设置。
c) 特长隧道通风方案应与应急救援方案综合考虑。
d) 隧道长度大于200m时应设置照明设施,不设置照明隧道应加强照明诱导设施;洞内宜设置反光环,加强反光标志设置,多雾区隧道口宜增设高压钠灯或采用可调色LED灯。

11.2.2 隧道监控系统应满足交通监控、突发事件处理、应急救援等系统集成和联动功能,并符合以下规定:

a) 隧道监控系统应一次规划设计,根据运营状况、交通量增长等分期实施、逐步完善;监控设备预留预埋洞室应按远期方案实施。
b) 隧道管理站应充分考虑并预留上传路段管理分中心的数据、图像接口,保证在隧道出现异常交通状态时,全线能及时协同工作。
c) 闭路电视系统宜采用高清数字网络摄像机,实现全隧道无盲区监视。
d) 火灾自动探测器应可靠,具有高灵敏度和极低的误报率,在火灾发生时能快速反应和报警。
e) 应设置完善的电光指示及疏散诱导设施。
f) 加强机电系统的接地与防雷设计,避免受雷电影响。
g) 大于5 000m的隧道宜在就近设置隧道管理站、救援站;隧道群路段宜将多个隧道集中管理。

11.2.3 隧道供配电系统设计应满足以下规定:

a) 应根据负荷性质、用电容量和工程特点选用可靠外电源,优先采用地方可靠的市电电源,且应预留适当负荷容量。
b) 长度≤1 000m的隧道,可在隧道一端洞外设置1座变电所或箱式变电站;1 000m<长度≤1 500m的隧道,宜在隧道两端洞外分别设置1座变电所和1座箱式变电站;1 500m<长度≤3 000m的隧道,宜在隧道两端洞外分别设置1座变电所;长度>3 000m的隧道,除在隧道两端洞外分别设置1座变电所外,还应在洞内设置变电所。
c) 中、长隧道宜采用10kV单市电源+柴油发电机组供电方案,特长隧道应采用独立的双市电源供电。
d) 变电所还应设置UPS不间断电源或EPS应急电源,以保证特别重要的应急照明、监控设施、电光标志等一级负荷的不间断供电。

11.2.4 重视隧道运营节能设计,加强节能设备与系统选用、节能技术应用及清洁能源利用,具体要点如下:

a) 隧道机电系统宜优先选用高效、可靠、节能的系统模式与设备,且易操作,便于管理。
b) 通风系统宜结合区域气象条件,加强自然风利用设计,设置轴流风机通风隧道宜设置节能风道,制定满足多工况运行的通风控制策略,实现节能运转。
c) 照明灯具宜采用LED灯,并采用无级调光控制系统,洞口根据需要设置减光设施,或采用自然采光技术。
d) 推广应用供配电节能技术,因地制宜,积极采用太阳能、风能、地热能等清洁能源。
e) 隧道的内装饰材料宜采用防火阻燃、增光增亮、延时发光、耐酸、耐腐蚀、耐粘污、耐水洗、抗霉杀菌的多功能涂料或装饰板(砖),提升照明效果,保障应急救援,降低运营费用。

11.2.5 隧道应制订防灾减灾与发生交通或火灾事故的应急处理预案,提高快速处置、逃生自救能力,保证人员、车辆安全,具体要点如下:

a) 隧道群或桥隧群路段应综合考虑其通风、照明、消防及救援预案,加强联动控制,并结合交通枢纽及应急回转通道设置制订分区段的应急救援及交通管控方案。
b) 以人员逃生、自救为主,车辆疏散、外部救援为辅,设置完善的消防灭火设施。

c) 上下行分离隧道洞口,应选择适当位置设置联络通道;桥隧群路段洞口受地形条件限制无法设置时,可采用桥梁加宽的联络桥方案,隧道群路段隧道内横洞宜统一规划。

11.3 隧道施工

11.3.1 滇东北地区地形、地质条件复杂、环保要求高,隧道施工应根据工程地质与水文地质条件,结合断面大小、工程规模、工期等综合研究选定安全、可靠的施工方法。

11.3.2 隧道施工应制订合理的施工计划,并符合以下规定:

a) 应采用与地层条件、隧道跨度相适应的施工方案,配置合理的施工机械,提高机械化施工程度,加强标准化施工与施工环境保护,保障施工安全、提高工效、保证工程质量。
b) 应加强动态设计与信息化施工,开展监控量测与超前地质预报工作,及时优化调整支护参数与施工方案。
c) 应根据地质复杂程度和隧道特点,进行施工风险评估,制定风险规避措施和安全应急救援预案,构建平安工地。
d) 软弱围岩应制定相应的变形控制基准,按照"管超前、严注浆、短开挖、强支护、速封闭、勤量测"的原则组织施工。
e) 连拱隧道、小净距隧道和隧道临近建(构)筑物时,应提出隧道及建(构)筑的变形、爆破振速控制指标以及施工步序要求。
f) 桥隧相接部施工过程中,应加强桥台开挖支护与回填与工序安排,做好对已施工构筑物的保护,防止坡体失稳,防止开挖爆破损毁已作工程。
g) 陡峭悬崖下或其他因素影响,洞口无施工场地、施工便道无法修建时可采用辅助导洞进洞施工方案。
h) 洞口段施工应先做好截排水措施、加固成洞面、无危岩落石或坡体失稳风险后再开挖进暗洞,保证山体稳定。

11.3.3 积极改善隧道工程施工条件,加强通风、防尘、照明,防止有害气体、辐射等作业人员的危害。

12 交通工程与沿线设施

12.1 交通安全设施

12.1.1 对连续性纵坡、长大隧道(群)、桥隧相连、隧道与互通式立体交叉、气象灾害多发、临水临崖与高填方等路段,应充分结合交通安全性评价结论与项目速度控制方案,加强相关交通安全设施的组合性设计,必要时宜提高上述高危路段的路侧安全防护等级。

12.1.2 应充分结合滇东北地区地形变化大、设计速度分段多的特点,路线总体设计应在交通安全性评价的基础上,结合项目技术等级、设计速度分段与运行速度变化、主要几何指标采用情况、交通量与车型组成及沿线路域环境等因素,综合论证提出项目运营期限速与速度控制方案。

12.1.3 对存在长陡纵坡、路面凝冰、集中强降雨和大雾等灾害影响的路段,应通过沿线交通工程及预警设施加强警告、提示。

12.1.4 应依据项目路线总体设计提出的限速与速度控制方案,进行标志、标线等交通工程设施的设计与布设,体现总体设计在线形设计、主要几何指标选用等方面的思路与原则,合理进行速度控制,以系统性提升高速公路的通行效率和运营安全性:

a) 交通标志设置应合理布局,重要的信息应重复设置或连续设置。
b) 应根据公路线形条件、运行速度和不利气象条件等,合理选取限速值;标志限速等应充分结合交通安全性评价结论,贯彻项目运营期限速与速度控制方案。

c) 应根据项目等级、功能、交通量及交通组成、横断面宽度等综合考虑限速标志形式。
d) 在线形指标接近极限值路段,连续长、陡下坡路段及其他视距不良路段宜设置相应的警告标志或线形诱导标志等;当上述路段有雨、雪、雾恶劣天气多发时,警告标志或线形诱导标志可适当采用主动发光标志。
e) 旅游资源丰富地区宜结合出口预告标志、地点距离标志等综合设置旅游区标志。
f) 特长桥梁、特长隧道、急弯陡坡、长大下坡路段应进行特殊处理,综合考虑设置减速标线、纵向振动标线、防滑型涂料及禁止变换车道线等。
g) 标线被雨水漫过后不易识别,雨量充沛地区可适当加大突起路标设置比例。
h) 隧道内检修道侧壁宜刷涂反光涂料。

12.1.5 滇东北地区山体破碎、山坡陡峻,存在危岩、落石路段,应重点加强危岩、落石调查和清理,合理设置拦挡设施;路侧拦挡设施应优先采用拦石墙等形式。

12.1.6 护栏设计应遵循以下要点:
a) 当遇高填方、路侧临水或临崖等险要路段,临近村庄路段,与其他道路、铁路、油气管道并行路段,陡坡急弯路段时,应加强护栏设置。
b) 中央分隔带中存在桥墩(柱)等刚性固定物时,桥墩(柱)两侧宜设置一定长度的加强型护栏。
c) 中央分隔带护栏应根据路基断面布置,合理选用护栏形式。中央分隔带开口处设置的活动护栏防护等级应满足规范要求。
d) 不同形式的护栏相接时应进行过渡设计,护栏端头、过渡段、渐变段和隧道洞口护栏过渡段均应进行针对性设计。
e) 滇东北地区紫外线强、昼夜温差大,路用金属护栏在满足相关防护性能要求的前提下,宜推广采用环保且具有一定耐候性、耐腐蚀性的新技术与材料。

12.1.7 轮廓标设计应遵循以下要点:
a) 主线及其互通式立体交叉,服务区、停车区等处的进出匝道、连接道、中央分隔带开口以及避险车道等应连续设置轮廓标。
b) 在气候条件恶劣、线形条件复杂的路段,可考虑增设主动发光的轮廓标。
c) 隧道内壁和检修道边缘应同时设置轮廓标。

12.2 管理设施

12.2.1 管理设施建设规模与标准应根据高速公路网规划、交通量、运营条件等综合论证确定,其总体设计应符合高速公路的总体设计要求,在减少管理层级、降低运营管理成本的原则下合理设置。

12.2.2 监控系统设计应符合下列规定:
a) 监控系统的设计,应与高速公路的服务水平和监控等级相适应。
b) 监控室布局和设备选择,应考虑操作人员的舒适性,隔离设备噪声,减少电视闪烁引起的视觉疲劳。
c) 国家高速公路及六车道以上高速公路应按照不大于2km间距设置视频监控,其他高速公路视频监控设置间距不宜大于4km。

12.2.3 收费系统设计应符合下列规定:
a) 收费系统应采用"人工半自动收费+不停车收费"组合式收费方式,各收费站宜设置自动发卡车道,并便于驾驶人员拿取。
b) 收费监视宜采用集中监控模式。
c) 收费广场入、出口收费车道数均不应小于3条,各收费站均应同步建设ETC车道,设置不少于1入1出的ETC车道,主线收费站、大中型城市主要出入口等交通量较大、收费车道数较多的收费站可设置2条ETC车道。

12.2.4 通信系统设计应符合下列规定：
a) 通信系统应根据区域高速公路通信网络规划，统一技术标准，保证与全省高速公路通信系统的互联互通，并应满足收费和路段监控、收费和管理等业务需求。
b) 电话交换网宜采用软交换技术。

12.3 沿线设施

12.3.1 沿线设施布置与设计应充分考虑地区自然与民族人文旅游资源丰富和大力发展旅游产业的特点和需求，应遵循以人为本、服务优先的原则，注意突出标志对主要旅游景点的提示引导功能和服务设施的配套服务性功能。

12.3.2 沿线设施设置应根据全省高速公路网总体规划，充分考虑所在路段的交通区位、交通流量、场地特征、环境影响及相关基础设施条件等因素进行选定；其中服务设施还应充分考虑地区自然与民族人文旅游资源丰富和大力发展旅游产业的特点和需求。
a) 沿线设施选址应避免选择低洼易淹和山洪、断层、滑坡、地震断裂带等地质灾害易发的地段。
b) 服务设施选址应因地制宜，在地形条件限制路段，可离开主线两侧，选择开挖工程量相对较小的区域，由主线设置匝道与之相连。

12.3.3 管理、收费、养护设施应根据JTG D80的规定确定规模；服务设施应根据交通量、车型组成及服务需求，合理论证，确定服务区、停车区等的建设规模与用地。
a) 服务设施用地应结合实际地形条件，按照实际投影面积计算确定。
b) 对于连续长、陡下坡路段经交通安全性评价论证需要设置货车强制停车区时，公路用地中应考虑增加货车强制停车区的用地需求。强制停车区宜与服务区、停车区等合并设置，用地面积应相应增加。
c) 在高填、深挖地区，根据选址位置及主体工程量论证场区改扩建的可行性，对于受地理位置限制的场区，用地面积可适当放大，为可持续发展留有余地。

12.3.4 沿线设施设计应符合以下规定：
a) 沿线设施建筑设计时应反映滇东北地区多民族、民族文化资源丰富等特点，建筑单体应发扬和传承当地文化，体现地域民族风格特色。
b) 服务区设计应突出服务功能，可在服务区室外增设石刻、雕塑、艺术宣传栏等部分硬质景观，介绍、宣传当地经济文化；可在综合楼的商业区设置当地特色产品展区。
c) 根据国家倡导新能源利用，服务区在总体布局时，宜考虑预留充电桩位置。
d) 停车区在服务区之间设置一处或多处，每处停车区可根据地形、地理位置等突出停车休息、公厕、便利店、加油、观景台、加水降温中的一个或多个功能。
e) 收费站宜紧邻收费广场，站区出入口宜设置在广场外侧，应充分考虑收费人员及资金的交通安全。
f) 收费车道数大于10条时，宜设地下专用人行通道或人行天桥。
g) 养护工区应留有设备、材料堆场，为节约造价堆场可暂不硬化。

13 环境保护与景观绿化

13.1 一般规定

13.1.1 公路建设应根据地区实际情况在不同阶段制定并落实合理的环境保护管理办法及措施，始终贯彻"保护优先、以防为主、以治为辅、综合防治"的原则，同时落实环境保护"三同时"制度。

13.1.2 在工程可行性研究阶段，根据云南省制定的相关政策开展环境影响评价与水土保持方案专项评价工作。

13.1.3 在初步设计阶段,应在路线、路基、路面、桥涵、隧道各专业协调环保设计,并全面落实环境影响评价与水土保持方案批复的措施。

13.2 声环境保护

13.2.1 根据地区建筑分布特点、现有降噪措施实施效果、声环境保护,优先选择线路绕避的措施,推荐采取声屏障、隔声窗、环保拆迁等措施。

13.2.2 桥梁段声屏障高度不低于2m,路基段声屏障不低于3m,声屏障端部延长的长度不宜小于敏感区端部首排建筑物与路线垂直距离的2倍。

13.2.3 在声屏障满足不了降噪需求的敏感建筑物应同时采取安装隔声窗措施;在声屏障、隔声窗同时设置还不能满足需求的或距公路红线15m范围内的敏感建筑物,需考虑环保搬迁措施。

13.2.4 滇东北北部湿润地区声屏障降噪材料宜选取玻璃钢、pc板、亚克力板,微孔岩等非金属材料。

13.3 水环境保护

13.3.1 滇东北地区山高谷深,项目大多沿河或沿溪布设,应根据环评批复要求,对受项目影响的水环境进行保护,尤其是危化品运输应做好防护措施及应急预案。

13.3.2 公路沿线服务区、停车区、收费站等生活污水、洗车废水处理达标后综合利用,尽量减少外排量。

13.3.3 对路面径流宜结合新技术新理念,采取生态边沟及人工湿地等收集净化措施。

13.4 水土保持

13.4.1 加强施工过程中的植被与表土资源保护和利用,表土剥离厚度宜为10cm～30cm。

13.4.2 针对滇东北山区地质特点,应协调好施工组织与土石方调运,结合施工进度合理确定路、桥、隧施工时序,隧道弃渣加强内部调运和综合利用为手段,通过项目消耗并与其他建设项目开展土石方综合利用,尽量做到"零弃方,少借方"。

13.4.3 宜开展新工艺和新技术,将弃方中的石方用于项目建设的圬工防护、挡墙等工程防护,将弃渣加工作为路基、防护以及一般构造物的粗集料使用,提高弃渣综合利用率。

13.4.4 施工便道、施工场地、施工驻地等临时占地应控制在规定范围内,减小施工扰动范围。

13.5 景观绿化

13.5.1 公路景观在满足交通功能前提下,应结合边坡、服务区、立交区等景观小品设计,充分体现地区自然环境和人文社会环境,尤其应突出多民族文化等特色,有条件的项目宜开展景观专项规划与设计。

13.5.2 滇东北地区具有总体高冷低热、南干北湿的气候与降水特点,公路绿化设计应结合气温、降水以及土壤等条件,在南方红壤地区以植草为主、辅以乔灌木;在北部地区以乔灌木为主,辅以草灌;栽种植物应以乡土物种为主;结合边坡设计,倡导绿色防护。

13.5.3 景观绿化设计应充分挖掘滇东北地区旅游资源丰富等特点,综合采用视线引导、线形预告、标志标牌、种植形式等手段突显地区旅游资源。

13.5.4 隧道景观设计可适当结合地区民族特色元素进行设计,以自然入洞为主。

13.5.5 立交和互通景观绿化设计应与滇东北地区风土人情、历史文化相协调,展现当地文化内涵和韵味;同时要与周围景点、附属设施以及绿化植物统一连续。

13.5.6 公路服务区应展现不同的区域特色,具有一定的差异性和标志性,景观绿化宜结合服务区内建筑文化和区域特色进行设计,推进绿色服务区建设。

13.5.7 边坡绿化应与边坡防护设计相结合,采用综合防护措施,如框架梁加植生袋、三维网植草、六棱块植草等,提倡绿色防护设计。

13.6 生态环境

13.6.1 公路建设尽量避免穿越自然保护区的核心区和缓冲区内,通过实验区时应遵照国家有关规定,采取保护措施,不得设置取弃土场。

13.6.2 公路应考虑动物保护和动物通道设置,减少影响程度。

13.6.3 工程临时占地严禁占压耕地,少占林草地,减少对原有地表植被的破坏,减少扰动地表面积,并应注意保护腐殖土和地表植被。

13.6.4 公路通过林地时,应严格控制林木的砍伐数量,不得砍伐公路用地范围之外不影响行车安全的林木。

13.6.5 尽量避免穿过湿地,如无法避让时,应尽可能采取桥梁方案通过,并且在穿越湿地的路段一定范围内禁止设置新的料场和取土场。

13.7 社会环境

13.7.1 征地拆迁与安置应严格执行各地区相关法规,做好土地占用的补偿、补救工作,对受影响人口的安置和恢复从生活和生产两方面同时进行。

13.7.2 在通过村镇、学校、厂区、农田路段时,应根据公路等级及敏感点具体情况设置满足需求的横向通行构造物,并在设计中适当考虑发展余地及与周边设施的协调性。

13.7.3 公路建设应尊重各地区各民族的宗教信仰和风俗习惯,同时应注意妥善处理与当地有特殊意义的建筑物及自然景点的关系。

13.7.4 在满足施工要求的前提下,应综合考虑项目区现有路网布局及沿线居民的出行习惯,设置合理的施工便道;施工结束后,应对施工便道进行生态恢复,同时考虑综合利用。

13.7.5 应调查收集项目沿线的文物分布情况,在项目的不同阶段做好不同的应对措施,工可阶段应确定文物的位置和保护级别,设计阶段应合理确定路线方案及保护对策,施工阶段对发现的文物应进行保护性挖掘或异地重建等。